U1073842

北洋大学

民国趣读

只言片语间，写活大师们的风骨、气概和洒脱；不着一字评价，尽现北洋大学历史的魅力与传奇。

中国文史出版社

图书在版编目（CIP）数据

北洋大学 /《民国趣读》编辑组编 . — 北京：中国文史出版社，2020.1
ISBN 978-7-5205-1854-3

Ⅰ . ①北…　Ⅱ . ①民…　Ⅲ . ①天津大学—校史—史料—民国　Ⅳ . ①G649.282.1

中国版本图书馆 CIP 数据核字（2019）第 292596 号

责任编辑：张春霞　高　贝

出版发行：**中国文史出版社**
社　　址：北京市海淀区西八里庄 69 号　邮编：100142
电　　话：010-81136606　81136602　81136603（发行部）
传　　真：010-81136655
印　　装：北京新华印刷有限公司
经　　销：全国新华书店
开　　本：710mm × 1010mm　1/16
印　　张：12　　字数：140 千字
版　　次：2020 年 3 月第 1 版
印　　次：2020 年 3 月第 1 次印刷
定　　价：48.00 元

文史版图书，版权所有，侵权必究。
文史版图书，印装错误可与发行部联系退换。

本书编辑组

主　　编： 韩淑芳

本书执行主编： 张春霞

本书编辑： 牛梦岳　高　贝　李军政　孙　裕

目 录

第一章 回顾校史

第二章 校长杂说

第三章 名师趣事

第四章 读书与校园生活

第五章 生源与课程设置

第六章
——校风与校制

第七章
——社团与革命

附录
名校友传略

第一章 回顾校史

❖ 韩吉辰*、戴柏俊：北洋西学堂

北洋大学的前身是北洋西学堂。

▷ 盛宣怀

天津北洋西学堂，效法美国办学的模式，引进西学，是中国近代第一所大学。其创办人为清末洋务派中最大的官僚资本家盛宣怀。

盛宣怀把教育视为立国之柱、兴邦之本，从1892年任津海关道时，即着手研究兴办新学堂，后来在直隶总督、北洋大臣李鸿章的旨意下，和美国人丁家立（Charles D.Tenney）筹办新式学堂。

1895年9月，继任直隶总督、北洋大臣王文韶奏发光绪皇帝，光绪皇帝准奏为“创办西学学堂”，故成立时命名为“天津北洋西学学堂”。盛宣怀任督办兼名义校长，实际学堂事务由总教习美国人丁家立总理。1896年更名为北洋大学堂。

---

*韩吉辰，1942年生，北京市人。曾任天津市经济区政府地方志办公室主任。

学堂头等学堂为大学本科，二等学堂为预科，学制各为四年，经过八年培养成专业人才。学校校址设在博文书院（今海河中学）。在1895年底，北洋西学学堂校址在德国租界，一直延续到1900年。

《北洋大学》

韩吉辰、戴柏俊：“东方的康乃尔”

北洋大学堂因建于西沽之故，天津人习惯叫“西沽大学堂”。

北洋大学堂采用“西学体用，因材施教”的教学方针，学校在学门、学门方向、学制、教学计划、功课安排、授课进度、讲授内容与方法、教科书、教员配备等，皆以美国哈佛大学、耶鲁大学为蓝图，成为当时中国兴办新式大学的规式，被誉为“东方的康乃尔”。北洋大学堂风格独存，卓有成效，声誉日隆。校誉的影响，为全国学子所向。

《北洋大学》

韩吉辰、戴柏俊：北洋大学西迁

全民族抗战爆发之后，日寇兵临津门，北洋工学院位于由天津入北平必经之路，首当其冲，学院被日寇侵占为兵营，仪器设备损失惨重。北洋工学院西迁西安，与北平大学、北平师范大学和北平研究院共同组成西安临大。1938年4月南迁，改校名为国立西北联合大学。到7月联大改组为西北大学、西北工学院、西北师范学院和西北医学院。从此工学院独立设校。到1945年8月15日西北工学院部分师生返津，回北洋大学西沽原址参加复校。

在西北工学院时期，设备简陋，资料匮乏，但严字当头，教师苦中执教，为人师表；莘莘学子，苦中求学，学校培养的一千多名优秀毕业生在步入社会后成为工程宿将、建设良才，有些被全国性各界名人辞书收录。

《北洋大学》

茅以升*：成功复校

1941年中国工程师学会在贵阳开年会，举行30周年纪念会，北洋校友到会的很多，开过一次全天的会，商议复校问题。因北洋在日军侵入天津以前迁往西北，并入了西北工学院。李书田先生和我商量在贵州复校，我那时在贵州平越县（今福泉县）任交大唐院院长，因和李去附近的一块地方看校址，可惜未有结果。

1946年初，因抗日战争胜利，迁往内地的各大学均迁回原址，北洋大学亦迁回天津复校。经过北洋校友的努力，教育部于这年6月发表“北洋大学筹备委员会”委员，约我为委员兼秘书，不久即由委员会推荐，由教育部发表我为北洋大学校长，但因钱塘江桥在抗战伊始为我方自动炸断，这时我正在杭州负责修复，一时不能到职，由教育部发表教务长金问洙先生为代理校长。

1947年9月，我从南京飞到北平转天津，往北洋探望诸旧友，对他们在抗战中转徙流离之苦表示慰劳。同时，为了安定校内情绪，想在了解校内情况后，向教育部建议善后办法。我向校内各负

---

*茅以升，1896—1989，字唐臣，江苏镇江人。我国著名的铁路桥梁专家。

抗战胜利后，北洋大学于 1946 年复校，图为复校后的北洋大学校门

责同人，特别是金问洙、李书田、陈荩民诸位陈述我不能就任校长的原因，得到他们的谅解；同时拜访天津校友会各位，答复他们一年来屡次劝我就职的盛意。我回南京后，即向教育部报告此行经过，再次陈请辞校长职，最后得部同意，改派张含英为继任北洋大学校长。

《回忆北洋大学》

张度*：美国教授掌权

一个大学是否负有盛名，主要因素决定于其学生学业程度的好坏。而学生学业程度之好坏，一半看学生，另一半在教授。校长以及教务处更为重要，是学校的领导者、组织者和监督考核者，在社会上地位崇高，受人尊敬。

当时北洋大学校长冯熙运是美国哈佛大学法学博士，又是北洋大学早期毕业的老校友，据说他的学识渊博得很。教务处设学监，总理学校一切教学事项。当时的学监是王龙光先生，说得一口流利的英语，外国教授见了他都很恭敬，学生就更不用说了。教授

* 张度，字泽刚，北京大兴人。北洋大学土木系十八年班（1929年）毕业，工学士。曾在黄河水利委员会、华北水利委员会工作多年，任高级工程师、处长。是我国知名的水利专家。

▷ 北洋大学校景

▷ 北洋大学堂

有二十名左右，除一名名叫朗德义（E.R.Long）的英国人外，其余的都是美国人，中国教授仅三人，两人教数学，他们是张玉昆和冯熙敏教授，一人教国文，是孙念希先生，其余的中国教员都是助教。由此可见，当时北洋大学的教学，不论是专业课，还是基础课，都是由美国人一手包办。

北洋大学开创时，就由美国人丁家立总揽大权，沿袭下来的结果是美国教授实际掌握学生的去留大权。我入校不久，就对本科学生人数之少，产生了怀疑。举例来说吧，民国十二年班冶金系只有一个学生，名叫臧赞鼎。其他本科各年级、班的学生人数在十人以下，有好几人因为制图不及格而留级呢。

后来经过改组，请来了中国的有名教授，学校的面貌就大为改观。北洋大学以教学严格著称，学术水平得以保持盛誉，是要归功于后来的几位校长和知名教授的。

在20年代的北洋大学，从教课到生活，虽存有许多缺点，但是由于她的严格教学，“实事求是”的校训，使学生受到了良好的工程技术专业教育，为祖国培育出有用之才，输送到祖国各工业战线服务，她的功绩不容忽视。北洋大学的名字在祖国工业教育史上是占有一定地位的。

《回忆二十年代的北洋大学》

第二章 校长杂说

翟夏：北洋大学创始人盛宣怀

1895年秋，也即盛宣怀任天津海关道三年之后，在他的权力和经济力所许可的范围内，得到直隶总督王文韶支持批准，创办了北洋大学堂，校址设于天津，即今之天津大学前身。

请就光绪十一年所建博文书院原有房屋，设头等学堂，又另设二等学堂一所，使学生递相推升，与曾充教习之美国驻津副领事丁家立商订课程，以切近易成循序渐进为本旨，倡捐巨资，宽筹的费，禀请具奏立案，克期开办，是即所称北洋大学堂。是为盛宣怀办理正规学堂之始。该校延华洋教习，分教学员天算、舆地、格致、制造机器、化矿诸学。它是中国第一所工科大学。

北洋大学堂分别设头等四班，二等四班。“每班三十名，递年工夫长进，升至头班头等。”这里的“二等”，是大学预科性质，“头等”即是大学。学生学语言文字之外，主要学习理工方面的知识，如“天算、舆地、格致、制造、汽机、化矿诸学”。以上是公共必修课。头等学堂分设法律、矿冶、土木、机械等四个学门，以培养专门人才。1897年北洋铁路学堂合并北洋大学堂，增加了铁路一科，派“王道修植兼管”。从所学课程和所分专门科的情况看，北洋大学堂是中国第一所大学，它早于京师大学堂三年多。

盛宣怀办北洋大学堂过程中，订了两条规则：其一是不许躐等。他说，中国过去学西学的学生所以成绩不显著的原因之一，就是“学无次序，浅尝辄止”，本大学堂的学员必须做到循序而进，“不容紊乱”。必须坚持完成学业计划，不许中途他骛。其二，学习专门科学技术，文字语言不过是工具。盛宣怀的这一观点形成，主要是接受同文馆只学语言文字因而用途不广的教训，也是由于工业发展的需要从而提高了认识的缘故。基于以上这种认识，故当他的津关道继任者李少东请将六十名学生分别改学法、德和日本三国文字时，盛直接加以拒绝。他说李少东“殆误会此堂仅学文字，不知内有分类专门工夫”。他认为如照李少东所请去做，那将“为小失大，弊莫甚焉！”为什么？他指出，大学堂各专门学科的人才，“以后每年每类仅得数名，正恐不敷派用，时势需才如此其急，讵可一误再误！铁路学生同是英文，宣尚不肯假借，以损大学，况改习他国文字便须另聘他国教习。此堂隳废，即在目前，为天下笑！”这些话并非危言耸听。人才“躐等”与“他骛”，确必将对社会经济的发展带来严重损害。这只有像盛宣怀这类有丰富经营企业经验的实践家，对培养人才的程序途径才有这样较高水平的认识。

《创办洋务致力教育事业的盛宣怀》

王鸿绪：首任外国总教习丁家立

▷ 丁家立

盛宣怀在兴办教育上虽受“中学为体，西学为用”的影响，但有所突破，积极采纳“西学体用”思想，引进西方教育模式。当然，由于盛的历史局限性，他在办新式教育中，也不可能去触动封建的伦理纲常，他主张“保存国粹，讲求实业”。但是要办新学，就必须采取西学体用，按照西方办学模式办起中国式大学，就不得不依靠洋人。他在创办的章程禀中称，学院要“遴选深通西学体用三员总理”（即校长、教务长、总务长），由于他和在天津自办“中西书院”的美国人丁家立过从甚密，了解他的办学能力，因此，建议把具体办学“三权”完全委托丁家立主管，委任为总教习。

丁家立，英国血统美国人，生于1857年美国麻省波士顿城。1878年在美国达特茅斯大学毕业获学士学位，1879年在欧柏林大学研究院获神学硕士学位。1882年来华，在山西传教，1886年以学者身份来天津从事文化活动，租房开办“中西书院”，自任院长。

丁家立在创办天津北洋西学学堂时，停止了自办的“中西书院”，专心致志办北洋西学学堂。在筹备过程中，丁家立与盛宣怀共同商讨拟定办学方针、招生办法、学校规模、学堂章程、课程设置、教习延聘、教职待遇、办学经费、学校校址等。1895年被聘任天津北洋西学学堂第一任总教习。

《王劭廉——北洋大学第一任中国总教习》

王鸿绪：首任中国总教习王劭廉

1906年丁家立因保定高等学堂学生、革命党人吴樾将清政府拟出洋考察宪政的载泽、戴鸿慈、徐世昌、端方、绍英等炸成重伤，袁世凯免去了丁家立的北洋大学、保定直隶高等学堂和直隶全省西学督导职务，仅为“留学督导”一职，并命丁家立率北洋学生作首途赴美留学考察。丁家立去职后，推荐出身于北洋水师学堂，留学英国格林海军军官学校，回国后任过威海水师学堂、天津水师学堂教习的王劭廉任北洋大学总教习。王劭廉的任职，结束了外国人总管北洋大学权和直隶全省学权的局面，使北洋大学及全省学校开始了由中国人自己管理的新纪元。王劭廉上任后，改总教习之称为教务提调。

▷ 王劭廉

王劭廉对校务严格管理，办事认真，不讲情面。首先以身作则，从不迟到早退，亲自听课，尤其经常听外国教员课，纠正了当时有些外国教员，特别是美国教员上课迟到之习。他运用十分熟悉的欧美习惯，针对一个外国教员的明显缺点，毫不客气地当面指出。经过几次这样的事例，树立起威望，一改过去学校只会恭维洋人的奴颜风气。这样，使中、外教员都更为敬服，尤使外国教员改变习气，认真工作。学生们更加敬佩。因此，王劭廉治学严格的轶事不胫而走，在天津各界流传很久。

王劭廉治学严谨，要求严格，教授有方。他主张：“无论治何事，作何业，均须首重实际，事之利于众者为之，否则断不屑为。”在校治事持之以恒，遇事处理恰如其分，凡是认为可以办的事，当机立断；处理校务时，尤能掌握分寸，措施得当；王为人不苟言笑，态度着重，气度恢宏，师生皆敬畏之。王劭廉不贪名、不骛远。如，袁世凯当权时，召开“约法会议”，改组参政院，为他的复辟帝制招兵买马造舆论，请王劭廉进参政院，王坚辞不就。王劭廉谓：“教育为我所好，当政、理财平生不愿尝试也。”

王劭廉在北洋大学任职期间，“为学术努力，为教育尽瘁”，“处理校务措置尽当，富于责任心”，自己不懂不会的，必先弄懂，做好预备。他常说，“做一件事，务须脚踏实地去做，方能做好”，不走所谓捷径，学校教师同人评曰：王“有毅行，富果决，事之认为可者，绝不犹豫”。王劭廉清正廉洁，不取不义之财，为校方称道。

《王劭廉——北洋大学第一任中国总教习》

刘介尘：代理校长“冯因事”

校长既不敢惹美国教员，又压抑不住学生的对应行动，所以在拒绝了学生的请求后，回家不再来校，及听到美国教员罢课，就向河北省政府辞职。省长曹锐对于学生的所为，斥为“嚣张”“捣乱”，对赵校长再三慰留，着令放手处理，为了压息风潮，即使革除若干或者几班学生，甚至解散另招，都无不可，必要时政府还可派兵驻校保护，维持秩序。

10月下旬，赵校长先令学监王龙光以代理校长名义到校维持。王到校后，一面劝学生仍照常上课，不要停上一二人的课，等以后慢慢设法改正缺点，解决问题；一面又向教员们探询意见，得到的答复是：恢复上课也行，但是上课时，只有反对罢课的学生才算"到"（present），那些赞成罢课的学生仍算"不到"（absent），等候将来再察情处理。学生坚决反对。问题既未能解决，王龙光也就一去不再到校。赵校长无法，仍向省府坚辞，并荐本校法律教员冯希运以自代。省府照准，即派冯继任。

冯希运也是天津人，其弟冯希敏也在北洋任测绘教员。他们二人，平时上课才来，下课就走，常常倒换请假，大约一月只能上半个月的课。墙上经常挂出他俩的请假牌："法律教员冯希运因病请假"或"测绘教员冯希敏因事请假"。因此同学们背地里都以"冯因病"和"冯因事"呼之，以示讽刺。

冯希运于11月中旬独自一人到校上任，召集学生讲话，仍是嘱令学生先照常上课，不许停上一二教员的课，关于他们的缺点错误，等以后再说，他们的"划到"办法也要暂先接受。学生对以上条件，尤其是"划到"办法，坚不接受。教员们亦坚不让步。冯感到无法解决，就辞职不干，一去不返。

《1920年北洋大学学潮回忆》

魏寿昆*：刘仙洲在北洋大学

▷ 刘仙洲

刘仙洲是香港大学荣誉毕业生，专攻机械。在北洋执政的四年（1924—1928）期间，学生中毁誉兼半，但离校后大多数毕业生对刘仙洲的评价都是有口皆碑。他在北洋四年是呕心沥血惨淡经营的四年，是继往开来中流砥柱的四年。当时正值北洋军阀快临死亡，因之相互倾轧内乱频仍达到了极点。就在这个时期，因内战学校两次被迫停课，而学校经费更是靠不住，经常拿不到。教师拿不到工薪，学校不能按期开学。记得刘校长在开学典礼上曾几次以凄凉的口吻说："我们现在总算能够开学上课了。"当时教师不仅不能及时按月拿到工薪，而且得到的纸币钞票又有不同的票面价值。北洋经费来自河北省政府，发河北省银行的钞票。但一元河北省银行的钞票只等于中国银行（当时的权威银行）钞票八角，也就是说，河

---

*魏寿昆，1907—2014，我国著名的冶金学家、工程教育家，中国科学院资深院士。

北省银行的钞票的票面价值应打八折。

地质教授王霖之在课堂上就和我们讲，他收到了河北省银行钞票，就毫不客气地如数退还，并且威胁学校如果不给他换成中国银行钞票，他就拒绝上课，结果是学校只得给换发中国银行钞票。幸好其他教授、教师们都还能忍气吞声地接受河北省银行钞票，如果全体教师都不接受这种只能按八折票面价值使用的钞票，那百分之二十的亏损学校又怎能担负得起呢?

刘仙洲在北洋四年，除日夜向当局索催经费延喘维持外，他最大的功绩是逐步聘请一些曾在国外留过学的专家以代替美籍教授。北洋自建校以来，几乎都是请的美国人当教授，他们工薪高，一般比中国教授高两三倍，而且按银两计（当时一元银币等于白银七钱二），合同一定就是三年。聘到的人有的是有学问的人，有的却是滥竽充数，学问并不怎么样。北洋入学考试除国语外，全部用英语试题。到校后上课都用英语讲授，用的是美国大学用的教科书。毕业后如有机会可去美国继续学习，当时美国承认北洋毕业的学士学位，不经考试，可直接入研究院。这些美籍教授教课中灌输帝国主义文化侵略思想，更无从结合中国实际进行教学。学生受洋人熏陶，养成媚外思想和自卑感，师生间谈不到密切接触。刘仙洲看到此问题，大胆进行改革，逐步聘请国内专家教授以代替美国人。在当时经费极端困难情况下，多请中国教授也有必要。原因是中国教授可以枵腹从公，不发工薪也来上课，而洋教授按合同办事，月月一个钱也不能少。中国教授仍用英语讲课，同学和教授接近的机会则多了。不少当年聘请的中国教授正是新中国的知名科学家，如石志仁（即石树德，已故，机械专家，曾任铁道部副部长）、侯德榜（已故，化工专家，曾任化工部副长）、何杰（已故，地质采矿专家，北京矿业学院副院长）、茅以升（桥梁专家，曾任铁道研究院院长，全国科协副主席）、张含英（水利专家，水电部副部长），等等。

刘仙洲特别重视英语科技名词的汉语译名，为此特请来了一些中国专家。因而科技名词特别是工科的科技名词的汉语译名，得以逐步地确定发展起来。

《北洋的学风》

张凤来*：倡导“工读协作制”的刘仙洲

“工读协作制”是刘仙洲一贯倡导的，1920年他在直隶高等工业专门学校任教时就提出《我国工业教育应酌采工读协作制意见书》。1925年在北洋大学长校时又提出《本校附设工读协作制机械工学门意见书》及《本校附设工读协作制机械工学门计划书》。他的主张是从中国实际出发，从中国国情出发的。他阐述理由：“就我国人民之经济状况言，尤为相宜。盖我国各大学之费用日益加多，平均计算每生每年费用不能在200元以下，即按本校而论最减省者亦须百五十元左右。就我国社会上之经济状况察之，财力不能供给子弟入大学之人家恐在百分之九十五以上，贫寒学生即使有极高之聪明、极合

*张凤来，天津大学校史编辑室主任，副校级调研员。

▷ 北洋大学校门

▷ 北洋大学校景

于工业之天性，必因经济关系不能有所发展，埋没人才莫此为甚。因以上两层原因，即一方面欲得学理与实验兼优之人才；一方面为寒家聪明子弟谋一升学之路径，故本校拟附设机械工学门工读协作班。”实施这种办法可使学校附设实习工厂、工厂附设补习学校，各取所长，各去其短，在学校求理，在工厂求实验，把学校和工厂合于一气，把学生和工人备于一身，用最经济的办法造就学理与实验兼优的工程人才的一种教育制度。在课程安排上使工读力求结合，既可解决注重书本，轻视实践，轻视工人之弊端；又可使工人有学理，提高文化科技水平之机会。但政府当局害怕学生与工人结合，以“留备采择”为名，不予支持实施。

《刘仙洲在北洋大学》

茅以升：我与北洋大学的渊源

▷ 茅以升

1926年夏，我在北京，北洋大学校长刘仙洲先生来访，约我去校授课，因为结构学教授美国人阿罗克（O.Rouke）合同期满回国，经李书田先生推荐，要我去接他的手。我于1920年自美回国后，曾在唐山交大担任过教授兼工科主任，后在南京东南大学担任过教授兼工科主任，对于教书向来有兴趣，刘校长来约，正中下怀。但那时我在北京有任务，一时走不开，就商定先去兼课，渡过缺人难关，每星期去天津一次。到了1927年夏，才接受北洋大学专任教授职。那年去天津时，就住在老友罗英先生家。1916年，他和我以及郑华先生同在美国康乃尔大学读桥梁系研究生，那时该系除了我们3个中国人以外，并无美国研究生。我每星期去天津时，与罗先生晤谈，颇得教益，后来我就约他往钱塘江桥共事。

我在北洋大学任专任教授时，主讲结构工程及有关各科，每星期授课20多个小时。我将每星期课程安排在4天内，每天上午授课，腾出3天时间（包括星期日）搞科学研究，这就给了我时间来研究如何改进教授法。在这以前，我在唐山及东大授课时，曾创立了几种教授法，其目的在启发学生思考，引导学生深入钻研，如学生提一问题而我不能答复，就给学生满分。这个方法获得成功，我就带到北洋，同样受到欢迎，因而听我课的，除了本届学生，还有些上届已经学了一遍再来补习的学生。

1928年夏，天津陷入战区，北洋大学停课，我回到南京老家。10月间有北洋学生专程来南京访问，劝我回北洋大学任校长，我婉拒之。12月初，北平大学区成立，将北洋改称为北平大学第二工学院，校长李石曾来电，约我为院长，学生亦来电表示拥护，我不得已北上。到北平后，学生代表一再敦劝，云我不去则复课无期。天津北洋校友会张务滋、徐绍裕先生等专程来京恳劝，备言学校停课已久，极盼我去收拾局面。我辞不获已，向李石曾声明，前往暂就，仍请另觅继任。于是我于12月26日在天津就北洋院长职。除聘谭真先生为秘书外，其余教职员除辞职者一概未动。

我何以不愿当院长呢？因为在北洋军阀专政时期，全国混乱，即学校亦动荡不安。我在唐山及东大，饱受派系倾轧之苦，视行政职务为畏途，故就北洋院长职时，即存“五日京兆”之心。

我就职后，目击院内停课多时，百废待举，即动员各方力量，逐步恢复旧观。北洋不但历史久，而且教育新，所聘的教授皆国内外知名之士，历年来教诲不倦，辛勤培植，故功课严格，力争上游，在国内与唐山交大、上海交大齐名。教授中不论本国人或美国人，教务均甚繁重，每星期授课20小时以上，故人数较少。教本采用英文原版，内容完备而有系统，同时亦给学生外语训练。校风淳正，学生大部分都能刻苦勤学，但亦不忘政治。我通过考察，竭力维持各种优良传统，并欢迎学生提意见，能办者即办。天津北洋校友会关心院务，常有校友来院访问，特别是张务滋、徐绍裕、齐璧亭先生等指教尤多，深得其惠。

《回忆北洋大学》

茅以升：恢复校舍

1929年3月31日晚，院内一座主要建筑的教学大楼突然起火，因距市区甚远，施救不及，竟致全部被毁。北平大学校部派谢树英先生来院协同调查起火原因，终未查明。各地北洋校友会闻火灾消息，莫不震动，纷纷来信慰问，并表示愿为恢复大楼尽力。我当即收起辞职之念，决心尽我全力，筹募工款，以恢复校舍，重建一更好大楼为己任。不久，南京大学院取消，恢复教育部，本校亦改称“北洋工学院”。这年夏，我往南京教育部接洽筹款。时部长为蒋梦麟，对北洋颇表好感，因校友王宠惠、王正廷等均其旧交，因授意此项恢复经费，可在“中比庚款”（比利时国退还我国的庚子赔款）中设法，因此项“庚款”尚不为多数人所注意。这时黎照寰先生为铁道部次长兼上海交大校长，曾一再向我表示，希望我去交大，任土木工程学院院长。适巧他是“中比庚款”董事会的董事，我因往沪求教，他一口应承，表示负责办到，并笑说：“我给你10万元，你给我一个院长！”于是我向中比庚款董事会正式提出，请拨10万元，恢复校舍。其时该会负责人为褚民谊（后来当了汉奸），我找他多次，他都表示冷淡，但我盯着他不放，并同董事会其他董事分头接洽。他们散居南京、上海两地，我分头相访，沪宁奔驰，有一段时期每晚都在沪宁火车的卧铺上过夜。最后，果然该董事会通过，补助北洋10万元，恢复校舍。其时又有天津电车公司（比国投资）捐款1万元，估计恢复原来大楼而有余。于是一面交一比国建筑公司设计（此系中比庚款董事会中比国人的要求），一面请几位北洋校友组成保管委员会保管此项建筑专款，免被挪用。保管委员会主任为赵天麟先生。

《回忆北洋大学》

茅以升：安心整顿校务

由于请款成功，校内对我信任益坚，我辞职的话提不出来了，于是安心整顿校务。北洋为国内最老的新式学校，因而也有一些旧的传统习惯需要打破。最妨碍教育进步的为“贷书制”，即将教科书借给学生，于毕业时交还。其时由于学校经费日紧，无力每年购换新书，于是教本日益陈旧。我在南京时，遇到一位方鸣皋先生，他能将原版书不经照相来翻印，成本甚低，我就请他来北洋，主持翻印教科书事，印出的当作讲义，无偿发给学生，于是全校所用的教科书，每年可以全部更新，师生都很满意。

我在沪宁接洽“中比庚款”时，乘便延揽新教授，果然请得科学界老前辈胡敦复先生主讲物理学，卢恩绪先生担任土木工程学。胡先生是清华学校（后来发展为清华大学）创办人之一，在我国科学界负有重望。卢先生是辞谢清华大学工学院院长职不就而来北洋的（后来仍去清华任院长）。得到两位名师，院内师生兴高采烈。

在南方时，杭州北洋校友约我去报告院务，他们本来准备发起募款运动，为母校造大楼，因知“中比庚款”成功而作罢。

《回忆北洋大学》

熊正必*：简朴的校长办公室

▷ 李书田

记得李书田校长的办公室一度安在小操场南端的新大楼里。这是在钟楼失火之后新建的一幢钢筋混凝土结构三层大楼，是当时学校最雄伟的一所建筑了。李校长的办公室在一楼，房间很宽大，南墙的正中摆一张大办公桌，背靠窗，面对房门。左首斜置一张大办公桌，为总务长雷宝华的座位，右首亦斜置一张大办公桌，为秘书长徐治的座位。教务长之外，这三位主要负责人在一室办公，确是便利而简朴。

《四位校长轶事》

* 熊正必，字浩而，江西南昌人。北洋大学土木系二十二年班（1933年）毕业，工学士。曾任冶金建筑研究总院总工程师，一级工程师。

茅以升：“换马”风波

1930年春，院内忽起风波。多年来，院内教授常有每星期往北平各大学兼课的，愈演愈烈，以致有的教授需在星期日上课，招致学生不满。于是我和这几位教授进行谈判，请他们或在北洋或往北平，不能兼任。他们就一面辞职，一面鼓动学生，说我排斥好教授。受鼓动的学生中有几位认为我当院长是由于他们的“拥戴”，而我一年来并不大听他们的话，他们就想“换马”，于是鼓动风潮，使我难堪。我本来无意于行政工作，于是一再向教育部辞职，并去南京面陈内情，终于得到同意，另派蔡远泽先生继任。

《回忆北洋大学》

张含英*：出乎意外地当了校长

1947年，我在南京，忽见报上登出教育部发表我为北洋大学校

---

*张含英，1900—2002，山东菏泽人。中国水利学家。曾任北洋大学教授、教务长、校长，中央大学教授。

长的消息。事情完全出乎意料，因事先我一点都不知道，既没有人向我通个信息，也没有人来征求过意见。那时只见报载，未见任命，不便有所表示，但看事情发展。谁想任命很快正式发表，我就到教育部去询问究竟。原来，1946年春，教育部令准北洋大学复校，聘王宠惠、王正廷、陈立夫、李石曾、凌勋、茅以升等为北洋大学筹备委员，并于5月间任命茅以升为校长。8月，因茅以升不能就职遂命教务长金问洙兼代校长。不久，金问洙辞职，教育部聘训导长钟世铭为代理校长。

▷ 张含英

1946年冬，南京教育部虽任命刘仙洲重任校长，但他坚辞不就。堂堂北洋大学的校长一职，竟形成长期代理，全体同学遂派出代表赴京请愿，要求迅速派出正式校长。当时教育部长是朱家骅，他对我说："学校要人，没办法。"学生代表则向我诉说北洋大学在抗战期间辗转流离的景况，并愤慨地说偌大的国内知名学府，胜利后已快两年了，竟不派正式校长，形成无人治理现象。这时天津亦有电报催促。睹此情景，深觉虽无能力，但有责任，承担下来努力干，我便二话没说，决定去。遂到教育部提出要求：一、要保证经费；二、对教授聘任不能干涉；三、对学校日常业务要少干涉。我说："要我去，得支持我，不然没法干。"当时教育部全部答应了我的要求。

我到天津车站时，全体师生员工都来欢迎我，那个热烈的场面，使我非常激动。在车站我对同学们说："同学们！既然叫我来，不管怎么样，我也要负起责任来，大家一块把学校秩序恢复起来，把学校办好！"

我是个搞工程技术的人，习惯于认真、负责和扎扎实实，办教育我没经验，但我认为在那种混乱的局面中，应竭力办到稳定秩序，先上课。不久学校便恢复了正常秩序。

抗战爆发后，北洋与南开一样，遭到日寇摧毁，损失惨重，一切设备荡然无存。胜利后直到1946年4月，学校仍为国民党军队占驻。1946年11月，一年级和先修班才开学上课。所以当1947年初我到校时，景物全非昔比，教职员宿舍正在修理，我只身一人来津，就住在教室里，床铺放在讲台上。有的教授和我开玩笑说："校长的房子真大！"那时工作很忙，不但没回到南京的家中去看看，连进城（到市区里）的机会都很少，真是以校为家。

《北洋大学回忆片断》

张含英：我同国民党反动派的斗争

1948年8月某日凌晨4时，学校突然遭到军警包围，警察局的大卡车公然停在学校门口，准备逮捕学生。学生都不出校门，教授们议论纷纷。张国藩、刘锡瑛等教授对国民党这种法西斯暴行表示非常愤慨。学校正常学习秩序已遭干扰，不能上课。这样一直相持到下午，大约有七八个学生从市区回校，快到校门口时，被军警抓住。校内同学见此情景，一齐上前，将被抓捕的同学从汽车上抢回来。这一下可不得了啦！警察不答应，一定要学校把人交出来，不然就要进校去搜。当时我想，学校绝不能把人交出去，更不能任凭他们进来搜；如果警察进校搜捕，必然与学生发生冲突，打起来非出人命不可。眼看一场惨案就要发生。我请来几个教授商量一下，决定亲自去见警察局长。因为这不仅仅是北洋大学一个学校的问题，弄不好会出大事，当即打电话给警察局长李汉元，要求和他当面研究。到了警察局以后，李说学校至少要交出几个人来方可。我问他："学生犯了什么罪？把他们交出去，我对同学也交不了差。"交涉很久，两人僵持不下，没有结果。我的态度非常明朗坚决。稍息后，李汉元提出解决意见说："你能保证学生不闹事吗？"我立即回答："我的学生根本没闹事，能保证。"李说："保证不闹事，我就可以下令解除包围。”我说：“好！一言为定。不过这是我个人意见，还需要校委会讨论通过。”遂立即在警察局长室给学校打电话：因情况迫急，立即召集校务会议，我回校后，即行讨论。

在校务会议上，我向大家说明了和李汉元交涉的情况，并说局势很紧张，我做了保证，因为学生根本没闹事，请大家考虑。会场非常沉静。良久，有一人说：“张校长你为什么提出保证呢？”我说：“眼看惨案就要发生，我的学生我当然保证。”从出席校务会议教授们的眼神能看出大家是同意这样处理的，但我又等了一会儿，以便大家能充分提出意见，才说：“大家如果同意这样处理，我们请学生代表来谈谈。”校务会议通过后，立即请学生代表到会来发表意见。同学们也同意后，我立即在校务会议上打电话给李汉元，告诉他我是在校务会议上打电话给他，大家同意我的保证，请即刻下令解除包围。不到一刻钟，校门外的军警撤退，那时太阳已偏西了。

第二天一大早，有两位教授来找我，说：“有四五十个同学已过铁路，到解放区去了。”事情就这样结束了。

后来，学校的经费越来越困难，我已定好飞机票，要到南京去交涉经费。正在这时，教育部有命令迁校的消息。我认为学校不能迁，也不应迁。为了稳定学校情绪，我暂时不能离校，于是把飞机票退了。后来，由于经费长期没拨，学校实难维持，于是我再次决定到南京去催。不久，交通断绝，没法回去。

《北洋大学回忆片断》

第三章 名师趣事

冯燮墀*：循循善诱的冯叔捷

▷ 冯叔捷

循循善诱、启发引导是冯叔捷先生多年来的教学方法，也是先生的教育思想。先生性情温和，待人宽厚，对自己的学生更是关心爱护。先生特别喜欢刻苦用功的学生，特别喜欢成绩优秀的学生。每以对这些好学生的表扬，启发苦读，勉励后进。甚至回到家里还向子侄讲述，要求后学以这些前辈为榜样。

先生善于发现学生的优点与长处，借以发扬提高。先生从不训斥学生，对其缺点与不足，循循善诱，促其改进。先生每视学生的成绩欠佳为己任，设法启发、引导、补课。先生每以学生的成绩优秀、学识出众，青出于蓝而胜于蓝为乐。

在先生承担的课程中，经常采用启发引导的教学方法，使学生由浅入深，欣然入胜。投影几何比较复杂，先生采用实物实影、多种实例等方法，使之成为学生们喜爱的课程。在几何学的教学中，

---

*冯燮墀：1923年生，天津人。高级工程师。

先生每以一条辅助线、一个分析式诱导学生破解难题，提高学生的学习兴趣，不少老校友反映，同学们爱听冯老师的课，喜欢上冯老师的课，乐于接近冯老师，有问题乐意向冯老师请教。先生循循善诱，启发引导的教学方法，深受学生们的欢迎，在教学实践中也收效不小。

《把一生奉献给教育事业的冯叔捷先生》

张度：治学的榜样

我是1922年考取母校的预科新生，入校后就住宿在丁斋西头的一间小木板阁子中。当时学校的学生宿舍分为甲、乙、丙、丁、戊、己、庚七斋。前四斋是用原武库储存武器的仓库改造的，房子很大，每斋住三十至五十人不等。大房子里以比人身稍高的隔壁板分成若干公尺见方的小单间，内设床、书桌、书柜、坐凳各一具，并前挂蓝布帘幕。我住的一间与李书田先生的一间，只隔一条几尺宽的走道而相对。每天凌晨我起身较早，但他起得更早，盥漱后，他早就去大楼绘图室了。晚餐后，他仍去教室或绘图室学习，总是很晚了才夹着大量的图书回来。学校规定夜11时熄灯，电灯熄了，他往往点燃一只小煤油灯，继续攻读或写作。他的刻苦勤奋，给我启发，给我树立了治学榜样，他在他们班上名列首位，尚且如此用功，我这个一般中等学生，能在北洋继续学习，如不努力，难以卒业了。常有下年级他的同乡来向他求教，他总是口讲指画，详为解答。有时他也休息，和他隔壁住的同班李瑞芸字酉生的同乡谈谈，谈话内容总离不开学业。有时他也和我说几句，问我学习如何，或介绍学校各科情况，流露出老大哥对小弟弟的关怀。他对时间看得非常珍贵，从他说话的简明，就使人体会到这一点。他已在母校任教授了，那时我尚未毕业，听过他讲的道路学课，他是我的老师了。

《我的老师李书田先生》

张文涛*：冯叔捷教绘图

冯叔捷教授是天津人，是我的乡长、学长和老师。因为冯教授在家里排行第八，天津的尊称是冯八爷。北洋的学生没有不知道冯八爷的，还有很多人也知道冯老师是洋翰林呢！

我是1934年进的北洋，冯八爷教我们绘图，也称工程制图。同班学生有五十多人。有一次刚吃完午饭，我们在新大楼绘图室里上课，屋内回音很大。八爷用流利的英文讲课，要讲五十分钟。时值下午，天气暑热，听课中，有位同学睡着了，这在冯老师的课堂上

---

*张文涛，天津人。北洋大学二十七年班（1938年）毕业，工学士。留学美国，获美国伊利诺以州大学硕士学位。为北洋大学美国校友会会长。

是罕见的。等到要画图了，这位同学下半段没听好，作业发生了困难，只好去请教老师。

一般教授遇到这种情况，不骂一顿也要挖苦几句。可是冯八爷并没有不快的表情，仍然和颜悦色，再以天津话详细解说，听来亲切入耳。大家都公认八爷教得又好又耐心，每次翻来覆去讲好多遍，从无半点烦言，因此同学们学得特别扎实。

在冯老师教诲之下，我得的教益，这辈子都享受无穷。他是我一生难忘的好老师。我开始在国内铁路局工作时，进去就是绘图，我画的又快又好，很受欢迎。后来到美国工程界服务，更深深体会到绘图对工程的重要。

冯老师的人缘好，教书认真，讲解清楚。若拿今天美国学校来评判，一定会选为最受欢迎的教授。就以中国来说，冯老师也是一位诲人不倦的大教授，实在是中外难得的教育家。

《怀念诲人不倦的冯叔捷老师》

邓曰谟：第一台飞机发动机的试制

1914年我考入北洋大学采矿冶金系，1920年毕业后去美国留学，1924年回国。1934年我在北洋工学院任教期间，曾试制飞机发动机，获得成功。这一年1月，国民党南京政府军政部航空署拨给北洋工学院一架Foek Wulf飞机，叫学校研究仿制。飞机发动机大部分是轻金属合金（铝合金），我虽然不是学航空的（那时也没有航空系），但对此事却动了心，于是便决定试一试。我是机械系教授，又是材料实验室主任，对试验材料性能是不会有什么困难的。但是经过三四次的试验，才发现困难所在。第一是材料强度不够；第二是活塞上有裂纹；第三是表面上有凹坑。经过反复的努力，终于将这些困难一一克服。然后逐一地制造零件，在原机器上逐步替换进行试验，最后整个发动机上的零件都换成我们仿制的，试验结果完全成功。

▷ 邓曰谟

就在飞机发动机制成后不久，日本帝国主义发动了侵华战争，平、津相继陷落，这项研究工作也就被迫中止了。

《记我国第一台飞机发动机的试制》

邓曰谟：理论联系实际

我是1914年考入北洋大学预科的，考试前，担心国文考不好，很发愁，后来考试时国文试题是“孔明自比管仲”，我正好读过《三国》，幸好考上了。转入本科后，学采矿冶金，1920年毕业。

1918年，在我大学还没毕业时，我便认为搞冶金、机械一定要重实践，所以便向家里要了点钱，在天津三条石开了个小翻砂厂，作为个人的实习场所。在这期间，我独立设计并制造出过滤机。孙传芳曾找到我，给他做了不少支机关枪。虽然支持他打了内战，却对我将所学用于实践帮助不小，赚了点钱，便是我毕业后，自费留美的经济基础。

通过学校的理论学习和工厂的实际操作，我知道中国缺什么，由于技术水平的限制，目前尚不能制造出什么产品，我便针对这些情况学什么。

《我在北洋》

邓曰谟*：回北洋大学任教

回国后先在胶济铁路做工程师，不久北洋大学添设机械科，我就回到母校任教，搞机械我仍一本初衷，重在实践。进入20世纪30年代，我带领学生拆了一架法陶制五个缸的教练机，准备仿制。北洋大学将要在自己的实习工厂制造的飞机发动机，是中国的第一架。这件事在当时不但有技术和材料以及工艺上的许多困难，还有来自

---

*邓曰谟，1896—1983，广东省香山县（今中山市）人。机械工程和材料专家，电机专家，教育家。在动力机械工程、钢铁及轻金属合金、材料性能试验等方面有很高的造诣、丰富的经验和娴熟的技艺，取得了一系列富有创新意义的技术成就。

社会上的阻力。在此以前，修理厂有广东人想制造飞机发动机，被认为是大逆不道，袁世凯要枪毙他，后经同乡说情，才算了结，因此许多人谆谆告诫我千万不要干，结果我还是干了。一件一件的零部件制成后，组装起来试车，哪个部件有毛病就拆下来研究、重做，直到成功为止。但最大的困难就是材料的强度不够，后来用了两年时间，试验好几百次，自己动手冶炼才达到强度要求标准，最后终于制造成功。国民党中央派国防部的人来校参观，当时他们对我们制造飞机发动机很不以为然，不是抱着支持的态度，来人冷冷地问："你是把美国飞机拆下来做的吧？你们的炉子在哪里？"我把他带到校长室背后的一间房子里，他一看炉子只有桌子一样大，便问："你用这种炉子炼出合金来了？"我没有正面回答，便说："乾隆爷的毛笔倒是好，不是也给不了我吗？我们没有好笔，不是也得想法子写出好字来吗？"在仿制飞机发动机过程中，需要经费，李书田找天津中国银行经理卞自眉帮忙，他问我需要多少钱，我做了个手势，只要三千元。事后李书田很不高兴说："我费了好大力气请来财神爷，你才要三千元，中国银行有钱，人家拿这个数目不当回事，你真是！"说完冲我无可奈何地摇头叹气。我说："够了！够了！"李书田是个博士迷，他原来很反对我。我教书，需实习，要理论联系实际，李书田听我的课，说："你教的很好。不过将来考留美时，不会出这种题目吧？"

《我在北洋》

熊正必：茅以升的桥梁工程课

在我读本科土木系三、四年级时，茅校长在辞卸校长职位而离校有年之后，又受聘回校当教授了。他在我班最后的两年里教过我们桥梁工程学。茅校长是一位名教授，很受学生的爱戴和欢迎。当时北洋大学除了国文和工程法两课之外，一律用英语讲课，不论中国籍或外国籍的老师，一进教室门，就不再说中国话。茅校长是留学美国的博士，天资逾人，学识渊博，记忆力特强，讲一口流利的英语。他讲课不是灌注式，而是启发式。虽有精选专用英文教科书，并不照本宣科，合着书本，口若悬河，深入浅出，详细讲述，例比解释，做到使听课的学生人人领悟，深受启发。他重视学生的设计制图。他考试从不闭卷，不使学生如临大敌。言念至此，心中犹存钦敬之感。

《四位校长轶事》

谢世基：不重考试的傅乐尔

化学教员傅乐尔(Harry V.Fuller)是笔者在校六年所有教员中唯一获有博士学位的美国人，他兼任天津造币厂总技师，被称为学识渊博，教学态度很好，在北洋教了13年。他独树一帜，不看重考试，他认为学生都会自觉地把化学学习好。他不举行小考，甚至在大考时散发题纸后就离开考场。但他的排场也突出，自己有一辆汽车和一艘时常舶在校前北运河中的小汽艇，却又很少使用。

《1919—1925年北洋大学的鳞鳞爪爪》

谢世基：最受欢迎的英文教师乐提摩

在英文教员中，乐提摩(David Lattimore)最受欢迎。他循循善诱，百问不厌，有很多独到之处。他总结在中国教学八年多的经验，写成一本《英文典大全》，后来由商务印书馆出版，标明“供中国学生用”，风行全国，几年内印行了几十版。在他被调回美国达特茅斯学院教授“东方文化”临行时，全校学生开会欢送(这是1919—1925年六年中北洋大学唯一的一次欢送会)，献给他一幅绣着“诲人不倦”四个字的纪念旗。但他教学又最严格，讲到关键所在，中国学生常易发生混淆的地方时，必定招呼停写笔记，专心听讲，谁不搁笔，即厉声制止；他常给试卷打上几十几分半，几乎每年都有因英文不及格而留级的。

《1919—1925 年北洋大学的鳞鳞爪爪》

谢世基：外国教员的共性

所有外国教员，包括矿冶专业教员，有几个共同点：(1) 在校内有个人工作室的，不论这天有课无课，一定来工作室工作8小时；(2) 极少因事因病请假；(3) 对中国教职员工，表面上都有礼貌，出进学校大门必向值岗警士举手为礼（警士当然答礼）；(4) 不谈学校行政，不议论教职员工，不问学生的一切活动情况；(5) 除课业上的需要外，不谈金钱；(6) 不谈宗教，在“圣诞节”也不休假；(7) 不谈政治；(8) 不瞎吹他们本国。外国教员的最大缺点是雇佣观点严重，对中国的历史特点茫无所知，在教学上大都墨守成规，不能兴革课程，不能同校外联系。

《1919—1925 年北洋大学的鳞鳞爪爪》

刘国勋：德语教授凯特

我是1946年北洋大学刚刚在天津西沽复校时，考入北洋的，校园被日军破坏殆尽，元气大伤，百废待兴。

1947年在北洋校园里出现了一个新面孔，她是一位中年妇女，由肤色和外貌的特征判断，显然是一位域外人士，她便是将为我们讲授第二外语课的德籍教师赵林克蒂（原称凯特）先生，是赵锡霖教授的夫人，偶尔会看到她带着两个小孩（一女一男）在校园里走动一会儿，很吸引人们的眼球。

大二时，我选修了第二外语，我对凯特先生的印象也是由这里开始的。

讲授一门新课，首先遇到的是教材问题。她由欧洲来到中国，没有教材的准备，怎么办？她亲自几次到市里的书店，寻觅合适的教材。西沽地处天津郊区，由西沽至市区，要经过小王庄、金刚桥，当时的交通并不便捷，她不辞辛劳，最后在商务印书馆找到了一册教材《德文举偶》。

讲课时，她并不完全按照教材照本宣科，在她的书里夹着很多纸条，上面写着密密麻麻的字。这是一门德语启蒙课，而德语又是她的母语，讲这种课应该是轻而易举之事，但她却做了认真的准备，一丝不苟。讲课时，她很注重课堂练习，为了帮助初学者掌握语言规律，她反三举一。对理工科学生来讲，掌握外语是为了查阅科技资讯，进行国际学术交流，是语言工具。但不论学何种外语，都不该学哑巴外语，在课堂上她带领学生大声朗读，重视课堂练习。大声朗读可帮助记忆，可帮助拼写。

为了解学生的学习情况，听取学生对她的教学意见，每隔一定时间，周末在她家中为德文班同学举行小聚会，类似非正式的下午茶，摆一些小糕点，请同学喝杯咖啡或清茶，通过交谈沟通情况，增进师生情谊，改进教学，这是她进行调查研究的方法。

第二学期我连续选修进级德语，考试后，我并未把它搁置起来，而是细水长流式的阅读些短浅的科技资料，当然要借助字典的帮助，待我到钢铁学院工作时，便可逐渐地阅读一些专业文献了，这个基础是跟凯特先生打下的。

《缅怀德语凯特教授》

李宝法：不成北洋学生，竟成北洋教授

1948年冬，某一星期天母校举行学术演讲，主讲人是本校物理教授德国柏林大学物理博士张国维先生，讲题是“量子论”。开场白他简单自我介绍，曾做北洋学生，因一年级物理不及格而留级，羞愧之余转学唐山工学院。毕业后留学德国柏林大学，获物理博士。

回国后，蒙北洋聘为物理教授，至感荣幸。我做不成北洋学生竟成北洋教授，这是终生无上的光荣。

《回忆北洋大学点滴》

李宝法：小数点后第三位

有一天结构学月考，教授杨天祥是留学德国柏林大学结构博士。他在发考卷前先声明："考题答案要准确到小数点后第三位。"学生问："其他老师都只要准确到第二位，杨教授为何要到第三位？"他说："各位是北洋学生，毕业后将在社会上担负国家建设之重责大任，所以要特别严格。假定你将来担任黄河大桥设计建造的负责人，计算时准确度小数点后第二位与第三位之差别，可能使焊接桥梁钢架之铆钉数差达上千个，如果因少用千个铆钉造成火车过桥时桥梁压垮，生命财产损失之大，岂是你今天为考试计算方便省时之心理所能想象。本人清华毕业留德回国后，母校清华及北洋都聘我，我选择北洋。我当时考不上北洋，今天我能到北洋任教授，我感到很光荣。"同学听了这番话后，还能说什么呢？感慨万千，只有心悦诚服地接受了。

《回忆北洋大学点滴》

严宗达：李书田讲授独家课程

在毕业前的最后一个学期，还有一门课是带有北洋大学特色的独家课程，这门课程名字叫“国父实业计划”，由工学院长李书田教授亲自讲授。他带着一幅巨大的中国地图挂在黑板上，给我们系统地介绍了孙中山先生心目中建设中国的宏伟蓝图。我深深为国家建设事业有如此宏伟的计划而兴奋，也深深感到作为一个学工的大学生肩负责任的艰巨。实际上这门课程就是对学生的一种十分深刻的爱国主义教育。

《在北洋大学上学时的几个片断回忆》

第四章 读书与校园生活

张含英：用英文讲授课程

虽然我在中学时学过三四年英文，成绩不错，但进入北洋后，仍然感到困难。这个学校要求很严格，教员很多是外国人，英文、德文、物理、化学等课程全用外语讲授，听起课来很吃力。两门功课不及格就降班，制度掌握得非常严格，毫不通融，所以同学的脑子中，总是考虑着降班这件事。可以说“严格”是北洋的一个特点。

教师中有些“有名气”的人兼课。一般说，教学水平也不一定很高。北洋的毕业生所以能有点真才实学，恐怕和这种严格要求是有关系的。北洋的同学平时很少到校外去活动，顶多偶尔到东北城角大胡同等处转转，大部分同学也就是晚饭后到校旁的桃花堤上走走，一听到钟声（7点钟），便急急忙忙赶回去，不敢稍加停留。在北洋上学，头一年降班的相当多。正因为要求严格，所以基本学科的基础打得比较牢固，这一点给我的印象很深刻。

北洋当时与别的学校不同，它接受了美国教育的影响，由于教员很多是美国人，所以不是间接影响，而是直接影响，把美国大学教育的一套搬了过来。不但在课堂上讲授的是美国教材，课外还介绍了不少欧美科技发展情况，使学生的思想开阔，扩展了知识面。

《北洋大学回忆片断》

张含英：五四运动后全体学生被开除

我是1918年考入北洋的，听说根据蔡元培的意见，将北洋的法科转入北京大学，同时将北大的工科并入北洋。1918年北大最后一批工科学生转入北洋。北大从那时起就没有工科了。

1919年伟大的五四运动起来了。广大同学卷入了爱国的热潮中。天津学生受到北京的感染，基于爱国热情，学生运动轰轰烈烈地开展起来。这和当年在天津读书的周总理、邓大姐有密切关系。我个人觉得，天津掀起这样大规模的运动，不是偶然的。拿我来说，我本来是个只知死读书的人，一心只想学点本事，建设国家，算不上个革命青年。可是当运动一起来，我却被时代的浪潮卷了进去，自然而然地行动起来，参加了游行和其他活动。

我记得很清楚，那时白天出去游行，晚上在化学教室——那是个梯级教室开会。我当时不是活跃分子，只是个一般的参加者，总是坐在后排。在开会时，我时常看到有两个男青年走进来，坐在最前排靠门口的座位上，没等开完会，就先走了。我曾问过那两个人是谁，同学告诉我“南开的”。这印象非常深刻，我知道这个运动不是北洋自发的，而是有组织的。

1919年的暑假后，运动还在继续。赵天麟校长辞职，1910年由冯熙运继任。这时学校挂牌，将学生全体开除，如有愿意回校继续读书者，要递“悔过书”。我虽然很愿意读书，对北洋大学的感情又很深很浓，但五四运动是关系国家兴亡的大事，是正义的行动，而学校当局对之则采取这样的敌对态度，十分气愤，参加运动没有“过”，为什么要递“悔过书”？我毫不犹豫地吐出了一个字：“走！”下一个问题，便是转向何方。虽然想到“五四”策源地北京去，但还有待联系。适在这时，北大的中学同学传来了喜出望外的好消息：北大当局表示，“北洋来多少，北大收多少”。于是我就转到北大物理系。除了在马神庙理科活动以外，我还常到红楼文科旁听。那时旁听不受限制，可以自由出入，有的教室站满了人。不过，我在北大只学习了一年多，得到山东省的留学生补助费，便到美国留学去了。

《北洋大学回忆片断》

张度：朴素的生活

那时的学生，生活比较朴素，北洋大学的学生尤其如此。以衣服来说，夏季竹布大衫，冬季在棉袍外加穿蓝布罩褂，穿皮鞋的人不多，穿西装的就更少了。饮食方面，最早有三个食堂，它们是第

一、第二和自治食堂，都是由学生自己管理。后来学生多了，又多组织了几个。分桌进餐，每桌六人，午晚两餐均为四菜一汤，早点是馒头、稀饭和咸菜，每月膳费约五元。

至于住的问题，就平凡了。学生宿舍叫斋，共七处，分名甲、乙、丙、丁、戊、己、庚。前四斋就是前边介绍的仓库式大房子，后三斋则是长条式瓦房。每斋住三十到五十人不等。大房子里以比人身稍高的隔壁墙分成六尺见方的小单间，墙上边是相通的。每间放木板床一张，小书桌一个，书柜一个，坐凳一只，灯是两间合用一个。除上课时间外，这一小阁就是各人自修栖憩之所，朝于斯，暮于斯。平日上课还好些，但一到星期日或节假日，也只有闷坐其中，幸好是功课逼人，作业未遑，哪有工夫想那些生活琐事。就这样我住了一年，第二年也就是1922年暑假，学校新建的学生宿舍大楼落成，大部分学生移住三个人一间的新楼中了。

在北洋大学上学，学生朝夕所想，只有“读书”二字，爱惜寸阴是普遍的现象。每天日出而学，午夜始息，三餐之外，只有晚餐后的片刻时间，出校门散步一行。沿着北运河堤向上游行去，最远到丁字沽或霍家嘴村为止，就又转身回校了。风雨操场有些人打打篮球，到7点钟就按时闭门了。清明节前后，学校放春假，西沽堤上桃花盛开，是当时津人春游胜地。游人络绎不绝，连续数日，同学们也抽暇往观。这就是每天的生活，它平凡吗？当时并未觉得单调，主要原因是功课繁重，使人无暇他够。就这样寒来暑往，年复一年，走过了宝贵的几年大学路程。

《回忆二十年代的北洋大学》

刘介尘：蛮横跋扈的美籍教员

教员有正、副、助三等，中外籍都有。我到北洋时，正教员名额已被美国人所垄断，他们的学识无论多坏，都是正教员；中国人的学识无论多好，都是副教员或助教。当时美籍教员共10余名，其中除了教应用力学的派特森和兼管校钟的斯波利两人学识尚算中常，性情也比较温和之外，其余都是些渣滓剩货，学识低劣，不能胜任，而且为人阴险狡诈，态度骄傲蛮横。最显著的如土木民十年班的桥梁教员奥提曼，每堂课对学生提出的一些很平常的问题，常有三四个“不知道”。还有测量教员斯开尔顿，遇学生有错误或因习惯上的不同而发生无意的“触犯”时，竟出口谩骂学生“还不如赶驴的脚夫”。当学生制图有局部错误或遗漏时，他并不给讲说明白，指示改正，而是用油蜡色笔画一大“W”字母，勾抹全幅。这种笔迹用橡皮擦不掉，必须另换图纸，重绘全幅。同学白天课忙，只有开夜车加工赶绘。还有土木民十一年班投视画教员伊利斯，在教板上写字时，文法常有错误，字母稍多的字常丢落字母，他的文化水平还不及我国四年制中学毕业生，其科技学识不问可知。本国的副教员和助教共四五人，多是本校毕业生，备课肯努力，讲解也认真，对学生的态度也很好。

北洋校规极严，学生不许预闻校务，不许提师长在态度上或讲授上的缺点，更不许当面提师长的意见。年终考试，一门不及格（不够60分）就降班，两门不及格就开除，并无补考，考完后五天内就发榜。发榜时，即使每考都在前三名的高才生，心情也极惶恐紧张，以致往往不敢自去看榜，而求别人代看回报。“看榜如闯关，人人都害怕。”因为考试得分的多少，虽然是以答案的好坏为标准，但外国教员常要按照自己的爱憎随意加减，而学生在一年中有无触犯他们忌讳的地方，又常常自己不能觉得。如预科民7班的一个学生（已忘记姓名，但当时大家都知此事）有一次站在化学教员的右后侧看他在记录本上写字，并不知道这在洋习惯上是一种犯忌的行为。及至教员扭头看见，他察言观色，始知已触怒，心情惴惴不安，因于考试之前，加倍努力温习，考试时细心答写，并注意检查，全无错误，自以为定能及格，绝无问题。但交卷时，教员坐在教桌后边，接到试卷，并不翻阅，即用红铅笔在封面上写一“40”，同时口头告知：“我给你40分。”这个学生就这样落到降班的结果。

《1920年北洋大学学潮回忆》

刘介尘：学潮开始前的谈判

升入北洋的北大预科学生，原来在北大受蔡元培校长民主和爱国主义思想的熏陶，所以转到北洋以后，对于美国教员的蛮横压制，感到愤懑，不能忍受。在第一批民9班的第一年内，人数太少，不能有所表示。在第二批民10班的第一年内，人数仍然不够，仅是同学之间彼此谈论，私下非议，仍不能见诸行动。至第三批民11班（我就是这一批的学生）来到后，一来人数又有增加，二来北洋本校学生已有很多受到影响，逐步向北大同学靠拢。到了1920年暑假前，已有足够的力量向学校要求改进。秋季开学后约两个星期，各班即举出代表联合面见赵校长，列举各美国教员的学识低劣、行为蛮横，请求转令改正。赵校长对学生的请求仅含糊答应，但竭力嘱令学生好好念书，耐心等待，不要做出越轨行动，致干惩处，耽误学程。以后又经一次请求，结果仍旧相同，美国教员们依然故态，并无改正迹象。各班代表又联合去见校长，彻底询问究竟。

这次我是我们班的代表之一（每班代表二三人），时间是10月10日左右。赵校长说："你们的要求不便对他们提，因为那样做太伤体面，仍应耐心等待，时间长了可能自改。"代表们又历述美国教员学行卑劣，对于学生的学业和校誉都有很大妨碍，绝不能放任纵容，力请校长断然纠正。赵校长在"碍难照办"之外，竟还说："说话声音不要那么大，叫他们听见太不好。"

代表们退出校长室后，随即召集全体同学开会讨论，决定最小限度先请校长责令桥梁教员奥提曼必须备好功课，测量教员斯开尔顿必须改变草率讲解和蛮横作风，否则同学们就要不上他俩的课。赵校长坚持不能去说，也不许学生做出不上课的举动，理由是：这样做违犯学校规则；而且外国教员都是签订合同聘定的，若任期未满时停止上课，也须按月照给薪金，直到期满，或者一次结算付清，此外还须付给回国费和其他损失；对一二教员如此，恐其他教员联合行动，那就成了国际问题，损失就要无法负担，事情就更难以解决。学生们认为，他们既不能负担起合同上规定的职责，当然就不能享有领薪直到期满以及其他种种权利。校长对此仍坚不同意。

学生的这种要求，很快被美国教员们探知，他们立即举行全体会议，决定如果学生们罢一二人的课，他们就全体不上课，把学生们“吊”起来，并故意宣扬出来，对同学威胁恫吓，施加压力。这本来是他们罢教，反而硬说是“学生罢课”，认为“这是管制学生罢课的方法”，“这是对学生罢课应有的惩罚”。

学生听到美国教员如此蛮不讲理，越感愤怒。因为校长过于胆小，不敢触犯他们，只好自决，随于次日实行不上桥梁和测量课。果然，美国教员就全体罢教，学潮从此表面化了。

《1920 年北洋大学学潮回忆》

刘介尘：成立护校委员会

自从美国教员罢教、赵校长离校不返后，校内学生就成立了护校委员会（记得几个主持人有民十年班的陈洋岭、王启元、陶述曾、韩厚基等），负责办理伙食、筹款、外交以及校内的文娱活动。大家除把上课变成自习外，其余一切都如平常，饮食无缺，精神也有所寄托。随后又为了防范奸宄的破坏活动，成立了纠察队，在校内各个僻静角落夜间派人轮班站岗，白天也不断巡查。我是纠察队的值班队长，11月初某晚，我先派了分队长采矿11年班的同学萧家训出发查岗，我随后也出发各处巡查。当沿着甬路走向大门时，听见门内有人吵嚷，急忙跑去查看，见萧家训被斯开尔顿和另一美国教员（不知道他叫什么名字）抓住衣裳，挣扎叫喊。我立即吹起口哨，很快就聚来近百人。他们见有人来，就把萧家训放开，并想跑掉。

《1920年北洋大学学潮回忆》

刘介尘：美国教员偷窃电话机

据萧家训说："我巡查到此，见学监室门半开，前去查看，还没到门口，他俩从室内冲出，气势很凶。我急往回跑，到两开门处，被他们赶上抓住，用脚踢伤我的小腿，连门心板都被踢破。"同学们质问这两个美国教员为什么打人，他们一味抵赖。同学们随即进入学监室查看，发现电话线似乎是被剪断的，电话机已不见。急忙又到近邻的校长室查看，见室门仍旧锁着，窗玻璃被打碎，上半截落下。我们由窗口跳进屋里，见电线也被剪断，电话机也不见了。随即又到钟楼外校门里的号房查看，幸而电线仍完好，电话机仍在，于是立即派人把电话机移到里边，交由护校委员会保管。

我们从号房回来，追问这两个美国人，叫他们把电话机交回。他们坚不承认，并说："没见电话机，不知道你们弄到哪里去了。"同学们听到这种倒打一耙的狡赖，就七嘴八舌地哄嚷："美国贼！”“当场抓住的，抵赖没用！”“抄贼窝子去起赃！”“抢东西还打人的是强盗！”……他们见到同学们的这样声势，骄横气焰就很快地低落下来，在墙根下乖乖地站着，低头不语，不再狡辩抵赖了。最后同学们因没抓住赃物，只得宽大为怀，把他们放出去了。

北洋学生在请求赵校长纠正美国教员的错误时，就已经多次派人赴北京，向北大蔡校长和蒋梦麟教务长报告情况，请求指示。当校长、学监都离校不返时，学生就利用两室的电话与北京联系。这事被美国教员侦知，他们为了切断学生对北京的联系，就结伙合谋，做出趁夜偷窃电话机的无耻勾当。

《1920年北洋大学学潮回忆》

和春芳：庄严的教学大楼

我是1925年秋季考进北洋大学的。那时母校校址在天津北郊，运河西岸，地名西沽。校南数里长堤，有茂密的桃花林。春季桃花盛开时是津门游览胜地。从河边有两条小路通向学校的大门。进入铁栅栏大门，迎面就是一座庄严的教学大楼。楼中间一个穿堂门洞通往校内，门的上额镶着“北洋大学堂”几个金色大字，气势雄伟，环境十分清幽。

这座大楼就是学校的主楼，除地下室外分上下两层。正中间门洞上边的楼顶还有一个大钟楼，装有一座四面钟。这座钟学校经常

1933 年建成的工程学馆（南大楼）

测太阳校正，是当时天津市唯一的标准钟。钟声嘹亮，不仅为上课报时，且可传达到远方。

大楼呈H字形，砖木结构，东西方向。一层楼北部主要有材料试验室和水力试验室；南部全为标本陈列室，内藏许多矿冶地质标本、化石等，都是矿冶系师生历年采集得来的，在全国来说也是最丰富的。此外，还有精密仪器天平等，在当时来说，也都是非常珍贵的。楼上全部是绘图教室，十分明亮幽静。通过大楼门洞向校内走去，是一笔直的人行道，夹道是两排高大的白杨，微风一过，叶声便萧萧如雨。向后走再穿过两道平房教室，当中就是一座“风雨操场”，它是学校唯一的礼堂兼作室内运动场。

《北洋母校大楼被焚目睹记》

和春芳：莫名其妙的火灾

1929年（民国18年），为了欢送该届毕业同学，在春假开了个联欢晚会，会场设在校中心的风雨操场，晚会是由学生会主办的。当时的学生会为反动的国民党区分部所控制。晚会内容主要是京剧，由同学们自排自演。在晚上8点钟左右京戏唱得正热闹时，忽然有个工友在门前大喊“前边起火了！”大家一惊，立刻都站起来了。这时台上一个学生会的负责人大声喊叫：“同学们请镇静，不要惊慌，火是烧在河对岸的席场，不是我们学校，要继续演戏。”少时，火照到会堂，又有人在外边喊：“快去救火！”而台上又大声镇压，不许乱动，并叫人把会场大门闩住，不准出进。这时，先有几个同学要出去，被把着门的人挡了回来，我们感到非常气愤。这时我和三四个人硬要出去，说上厕所，将把门的人推开，跑出去了。当我们走到学校前边一看，原来正是我们的大楼在燃烧。火是在北头绘图楼上层先烧起的，火舌已经喷出窗外，而当时的现场冷冷清清没有任何人指挥救火，只有几个新到的消防队员正安装手摇水泵。火势蔓延很快，火焰透出北头屋顶，滚滚浓烟上冲天空。这时有矿冶18年班的一位同学来了，他说：学校的矿冶地质标本最为宝贵，我们能让它烧掉吗？于是我们赶紧找到总务室一个办事员把标本室的门锁打开，我们几个人进去，看见标本的橱柜整整齐齐地摆着，就是没有钥匙打开。这时几个人的意见不一致，有主张砸柜子救标本的，也有不赞成的，理由是：消防队已到，他们会采取切断措施，现在火还没烧到而柜子先砸破，如果标本搬乱损失太大，谁能负责？争论一番以后大家还没有动手。这时，我看抢救公物无能为力，就跑到南头楼上将个人的图书仪器取出搬到宿舍去了。当我搬东西走过风雨操场时，里边仍然锣鼓喧天，据说正演《捉放曹》呢！

当我出宿舍赶回来，大火已烧到大钟楼，火焰包围了大钟。还听到最后的钟声打过9点，这时我们在旁边就像千斤重锤打在心上，不禁潸然泪下。接着，轰然巨响，大钟坠落。而当我再去矿冶标本室时，已经浓烟弥漫，火焰升起，不能进入了。这时候，院子里站着看火的人渐多，而东南风骤起，火焰倒向西北方向吹去，其下风头的测量仪器室受到严重威胁，大家一声呼唤，“抢救测量仪器！”一拥而到，人多手快，顷刻间全部仪器搬到安全地方。这时会场虽已停止演戏，但是还没有一个负责的人出来组织大家救火和抢救物资。

原来，学生会早已向市内叫来一批武装军警到后边宿舍里去抓人。把程明升、向思赞、方振鹏三个同学逮捕了，硬说他们是共产党，是“放火”烧大楼的主犯。

大楼快烧完了，火焰仍向南蔓延。在大楼的南头只隔着几米长的天桥便是理化楼和试验楼。幸好连接的天桥被消防队拆断了，理化楼没有烧毁，保住了。

大楼烧完，人已逮走，大家回到宿舍，已经是后半夜了。我躺在床上，虽然很疲倦，但无法入睡。我仔细想这次大楼着火的情形。有几个问题不能自解：一、为什么大楼着火时，学生会既不组织人们救火，反而蒙蔽同学不让大家出去？二、为什么他们急忙召来武装军警逮捕无辜的同学，而对于学校大楼被烧竟无动于衷？三、究竟这场大火是怎么引起的？……这些问题始终是不解之谜，显然是有一定背景的，但也无从查明事实真相，最后也就不了了之。

《北洋母校大楼被焚目睹记》

孙越崎：坚决不写悔过书

北洋大学名为国立大学，实际上是直隶省管，因为当时是河北省出钱，北洋政府根本不管。当时直隶省长曹锐同时兼直鲁豫巡阅使，所以赵天麟去职后，直隶省派冯熙运来做校长，冯熙运是北洋法科毕业，这个人非常顽固。他一上任，命令全体同学不许罢课，立即复课，而且每人必须写悔过书，否则通通开除。我们矿冶一年级班不到三十人，写悔过书的只有两个，一个因爱人受公婆气，他要被开除，不但回不了家，他爱人将为此更加受气；另一个同学是直隶省财政厅长的侄子。百分之九十以上的同学都不写悔过书，冯熙运就命令校内对同学停水、停电、停伙食。见此情景，无法再忍。我是学生会长，和一个姓李的湖北同学到北京去到北大，那时北大校长蔡元培已走，教务长蒋梦麟接见了我俩，同意北洋同学到北大去，而且去多少，要多少。于是北洋本科同学大都转到北大，我也同时转去。在北大矿科毕业。

《回忆在北洋大学的读书生活》

▷ 孙越崎

孙越崎：星期日也要学习

北洋大学名义上是国立大学，实际上和教会学校一样，各科老师都是美国人，课本全是英文本子，考起试来没完没了，是个顽固的念书派，星期日是同学们最重要的一天，一周中的课程哪里没搞清听懂，都利用星期日补上，很少有人外出行走。一到星期一，老师进到教室第一句话是：合上你的书，开始考试。一天当中上三门课，考三门。每次课前都有5—10分钟考试。有时也用口试方法，指定学生口头答复。这些外籍教授的讲授方法是启发式，不是逐页宣讲教科书，他们只讲从哪页到哪页的大意是什么，再指定参考书。说明需要参考的页数，要同学自己去看。每一本教科书都指定若干参考书，到图书馆去借，真够呛！因为全是外文本子，要翻字典，边查边看，很慢。课堂上只讲大意，又加文字生疏，感到很吃力，完全要靠你自己独立念书，再加上学期考试、学年考试，不下真功夫，题目是做不出来的。弄不好就降班，尤其是期末考试，要考全学期的课程，所以完全靠星期天补上。

《回忆在北洋大学的读书生活》

孙越崎：只管专心读书

北洋大学在西沽武库，教室、实验室全是新建楼房，武库是宿舍，是个很大的平房，用木板隔开下半截（上面相通），每间小屋只放一床、一桌、一椅，小的像鸽子笼，门口挂蓝布门帘，二屋合用一盏灯。期末考试两门功课不及格留级，两次留级就开除。等到毕业时，一班剩不下十几个人。说来也奇怪，凡是这学期不及格留级的同学下学期重新再念一遍，还是考不好。若论读书，北洋确实是个好学校，真是两耳不闻天下事，一心只读“教科”书。“五四”以前，政治风潮从未吹进过北洋的校门。

北洋大学距市区很远，从西沽到市里，乘人力车要两角钱。那时两角钱很值钱哩！所以我在北洋两年，顶多到大胡同、估衣街一带转过，南开中学是去过的，其他像什么“英租界”根本没去过，只专心念书。北洋的毕业生，功课确实好，这是它的特点。北大预科并过来的同学功课吃不消，留级的较多。

《回忆在北洋大学的读书生活》

朱玉仑：生活费用低

当时北洋大学每年只收学费十元，住宿费十二元，书籍费以半价购买，食堂有四五个，均由学生自理，每月伙食费平均四五元，加上寒暑假往返旅费及日用必需品在内，每年平均学杂费约在120元至130元之间。绝大多数同学都会勤俭过日子，衣着简单朴素，蓝布大褂已成了学生的习惯制服，西服革履则属凤毛麟角，终日埋首寒窗，很少闹市玩乐，与当时天津的河北法政学院及私立南开大学的费用相比就悬殊多了，在那里一个学生每年要花费300元左右。当时天津社会上流传着“法政是老爷，南开是少爷，北洋是听差”的一类说法，尽管这只是在衣帽和举止上看问题，但它多少说明当时北洋大学学生简朴的生活习惯。又如我和我的堂弟朱玉峰（抗战期间在重庆因公殉职）都是依靠先父工资才能上中学和大学的，当时他在北京大学每年用费约300元，我在北洋大学只用130元，寒暑假回家，我将节余下来的学费给家里老少购买许许多多的日用品，受到全家的欢迎。较低的生活费用，使这个高等学府向较为清寒贫苦的学生敞开了大门。

《母校北洋六年的大学生活》

北洋大学学生宿舍第一斋

朱玉仑：优美恬静的学习环境

北洋大学坐落在天津城北西沽村北运河的堤岸上，原为清朝的一个武器库，故又有西沽大学及武库大学之称。校舍四周围有大堤以防水患，堤岸上垂柳和桃李成行，在春光明媚的日子里，红花绿叶好风光，优雅恬静旷胸怀，景色十分动人，为天津市的八大景之一，吸引着中外旅客，也是同学们课余时间经常散步以恢复脑力的场所。宿舍与讲室中间有一排由武器库房改建的图书馆，东侧是外文图书资料阅览室，西侧是中文图书资料阅览室。课余时间，这里经常挤满了人。宿舍前后有两个运动场，中间还有一个风雨体操场，是学生锻炼身体的地方，但由于功课繁重，没有多余时间投入体育训练，故在全国性体育运动会上是榜上无名的。

校址远离市区，交通很不方便，当时要去大胡同市区中心只有两条路，一条是在校门口过摆渡，步行穿过黄纬路、六经路、金刚桥。另一条是乘小木船或冰橇车（冬季）直达金刚桥登岸。两条路往返一次就需要两三个小时，如果回来晚一些，摆渡船就没有了，必须绕道霍家嘴过河，那就更麻烦了，因此，就是假日也很少有学生到市区游逛。

学生宿舍是由并排八座大武器库房改建的，每栋以二米高的木板隔成二米见方的小屋三四十间，两侧和中间各留走道一条，各间在走道一边挂有布帘；每间置小床、小桌、小书柜、小椅各一个，中间堂屋是公用洗脸的地方，其格局正如北京市协和医院大病房一样。居住条件虽差，但总比在中学睡通仓和上下铺要安静得多了。1923年搬进新建的宿舍大楼，三人一个房间，有公共盥洗室、浴室、厕所，生活条件有了初步改善。

当时的北洋大学，简陋尽管简陋，但优美恬静的学习环境，却陶冶了青年学生的情操，助长了他们钻研学术的热情，在我们老学友的心目中留下了深刻的印象。

《母校北洋六年的大学生活》

梁兆生、李寿山：张太雷在北洋大学

1915年夏，张太雷离开常州府中学堂后，本来已经考取北京大学，但考虑到北京大学学制太长，经济负担过重，未入北京大学，而于同年冬天改报北洋大学，入北洋大学法科临时预备班。1916年秋升入北洋大学法科法律学门。

北洋大学是我国近代史上第一所新式大学，师资条件和各种设施都比较优越。张太雷深知业精于勤，在这里学习非常刻苦，平时学习勤奋，星期日也坚持读书，很少进市游逛。在法律图书馆同学们经常看到他的身影。他在北洋大学学习五年奠定了坚实的科学文化知识基础，精通了外语，为其后研究宣传马克思主义、接触苏俄共产党人和共产国际的代表创造了有利条件。在我党早期领导人中，他在领导才能和学识水平等方面都堪称佼佼者，深得李大钊的赞许，说他“学贯中西，才华出众”。在求学期间他非常重视体育锻炼，在网球场和足球场上常见到他那高大魁梧的身影。

▷ 张太雷

张太雷自幼家境贫寒，父亲去世后仅靠母亲为人帮佣供他读大学。入学后他始终保持着劳动人民的本色，生活俭朴节约，作风朴实无华。学校分南北两个食堂，南食堂以米饭为主，北食堂以面食为主。他来自大米之乡，自然在南食堂用饭。住的是一间六七平方米的小屋，房内设一个床铺、一个小书桌。穿着以蓝布长衫为常服（当时北洋大学学生有“蓝衫队”之称）。据他女儿张西蕾回忆，父亲假期从天津回家，没有一点大学生的架子，穿着短衣短裤，光着脚，参加各种笨重劳动。当时北洋大学已取消官费，尽管这里的读书费远远低于北京大学，但家道清贫的张太雷仍难以负担这笔费用。

因此入学后不久，他不得不一面读书，一面工作，为该校法律系教授法克思（美国人）创办的《华北明星报》翻译英文稿。

当时北洋大学法律专业的15门课有10门是美国教员任教，这些教员给学生灌输许多美国案例，以充塞学生头脑。至于毕业后出路，名义上不是律师就是法官，也有一些学生在法律科毕业后通过文官考试转入外交界，替北洋军阀效劳。张太雷受历史环境的影响，也曾在思想上对个人前途处于徘徊之中。严酷的斗争现实教育了他，使他在北洋大学学习期间就摒弃了做官发财的道路，决心投身革命事业。他在给妻子陆静华的信中说："我先前也有做官发财的心念，……但是我现在觉悟，富贵是一种害人的东西，做了官，发了财，难保我的道德不坏……"

《张太雷在北洋大学》

程秉元：西京分院的苦与乐

西京分院是老院长李书田博士在抗日艰难时期向北洋校友募捐而创办的，并任分院院长。李博士为国家培养科技人才四处奔走的精神、毅力和良苦用心，值得国人敬佩、赞赏。

仅靠募捐的有限资金，当时供给一百名学生的住宿、吃饭、延聘教员、购买设备，其困难艰苦，可想而知。我们学生体谅学校苦衷，不但"苦"能忍耐，而且"乐"而流连。

起初在梁府街租房上课，其后在北大街东侧一块空场上盖了教室，但仍是十分简陋。一百人在一个教室里上课学习，住的是上下铺。

李书田以严谨办学而著称，西京分院继承了这种优良传统。基础学科如微积分、物理、化学等用的都是影印本原文，老师讲课半英半中。习题很多，许多人几乎是经年累月开夜车，从不间断。我是师范学校毕业，英语和解析几何是自学的，基础较差。

为了赶上去，我和程文义在熄灯以后，点燃蜡烛，伏案自习，一般都在夜半两点，才悄悄入睡。苦是苦一些，但在频繁的考试中，却获得了较好的成绩，苦中有乐。最使我吃紧的是英语课。英语老师是一位教会的中国人，他上课很少说中国话，学生回答提问或请老师解释疑问，都得用英语表达，否则他不理你，所以我在课堂上从不主动发言。他规定星期天下午要指定同学按时到他家做“客”，从敲门、谈话到离开，不得说中国话。这真是一件苦事。好在他是在三四天以前就约定你去的时间，在这期间必须把要说的话，认真准备，反复练习，背得滚瓜烂熟。我被指定去“访问”过他一次，总共时间不到五分钟，已是满头大汗。幸好，还算不错，漏洞不多，通过了。

我们除了勤学之外，也非常注意锻炼身体，利用空场有的跑步，有的踢球，借其他学校的场地进行篮球比赛。抗日胜利，复员到天津，在“复大杯”篮球赛中西京队荣获冠军。

《北洋西京分院的苦与乐》

实习中的北洋大学矿冶系学生

北洋大学土木系模型室

岷江：“到大华打牙祭去！”

“走，到大华打牙祭去！”

说起大华食堂，凡是抗日战争时期在西北工学院任职、任教、读过书的师生员工，都会想起它、怀念它。

这个饭馆的掌柜是河南辉县人何子杰，他的家乡被日寇侵占后，逃亡出来，受尽千辛万苦，先在西安东北大学帮厨做饭，以后随校迁到城固古路坝。为了混口饭吃，找了几个散在附近的同乡，合伙在古路坝开办了一个小饭馆，初叫中华食堂，后改名大华食堂。开始时，只卖面条、炒烩饭、饼之类，本小利薄，经营简单。以后生意越做越活、越大，先加上几种炒菜，进而发展到可以承办酒宴，成为方圆几十里内享有鼎鼎大名的饭店。

那时的大华食堂，既没有富丽堂皇的高楼大厦，也没有高雅的装潢设施及精细的桌椅餐具，所有的仅仅是在这小甸子上坐北向南的几间竹棚茅屋，木桌竹椅、粗瓷碗碟等等。但是开业经营以来，虽不能说车水马龙、宾客盈门，但就餐吃饭的人确是从早到晚来往不绝，真是生意兴隆，财源茂盛。

抗战时，西北工学院的学生多来自沦陷区。经济来源断绝，或极困难，就靠公费贷金维持，吃校办大灶，饭菜单调，质量也差，日子久了，令人真受不住。于是，在课余、饭后，休息、散步，摆“龙门阵”（闲聊）的时候，就会兴致勃勃地进行“精神会餐”，津津有味地谈说各地特产名菜，起望梅止渴的效果，有时候也真去大华打一次“牙祭”，改善一下生活。所谓改善生活，并不是要吃什么七碟子八碗、山珍海味，只是去要个单炒腰花、肝尖、肉丝之类，或吃碗肉丝面、烩饼，甚至要个酸辣肚丝汤拌饭，就于愿足矣！如果从外地来了个同乡、校友、亲朋，难免招待一下，就去光顾大华。至于教授先生们，因物价飞涨，生活困难，平日也都是粗茶淡饭，当遇到生儿育女、嫁娶、寿辰等喜事，就要破费庆贺一番，由大华包做些酒席，送到家里享用。每年总有什么同乡会、校友会，开会联谊、聚餐，那么，就由大华承包下来，做一笔大生意。另外，附近老乡们的红白喜事，也多是大华承办酒宴“吆五喊六”地热闹一气。河南的拿手菜：酱爆肉、小酥肉、锦酱肉丝、八宝饭、三不沾，是大华食堂的名菜，至今余味犹存。

《大华食堂余味犹存》

魏传基：重视学习成绩

学生一到学校里就用功，固然是风气，实际上学校也有它的一套办法，使学生很自然地就走上这一条路。学校为了要实事求是，对学生在校的求学要彻底、要认真，除了在教的方面下功夫外，在考试方面，尤其认真，使好的学生不会埋没，坏的学生也绝不能幸进。平时公布成绩，虽然是一般学校所通常有的成例，而在每一学期结束后，贴榜则是这座大学里独有的特色，所以某人第一、某人第二是同学们的偶像，也是同学们梦寐以求的目标。

贴榜固然是在学期更迭时使人心弦紧张的一段时期，时间一过，榜一扯掉，同学们对这种荣辱，似乎也就逐渐遗忘，事实上学校为着使学生们经常紧张，经常把成绩优劣摆在心里，以一项更为特殊的办法，使学生们谁也瞒不过谁。这个办法，就是把教室的座位，按照每年榜上的名次排列。使任何教授、同学，甚至到校参观的来客，一进入教室，就看到了这一班人的榜。任你怎样不讲荣辱，也不希望自己总是坐在人家后边，这样使学生时常警惕的办法，不唯在中外大学里少有，就是在中小学时也不多见。从这一点上也就可看出这座大学的特点了。

《北洋忆往》

陈明远：武库改建的宿舍

别的学校，住宿条件都是几个学生共一间，而北洋大学堂是几十人共一大间，里面又分割成一人一小间。原来那时北洋大学堂的宿舍，是就武库（军械库）改建的，类似大轮船的“统舱”。两排长方形平房，均四面有窗，各向南中间开一大门。平房内部，用六尺多高的木板或板墙，分隔成若干约六尺宽、五尺深的小房间，用蓝布帘隔开，中置一走廊。每间向着布帘置一木床，床前成直角置一书桌。在两间之壁上，开洞置一电灯（再早为一盏油灯）作照明之用。除靠在窗前走廊的一排外，白天非用电灯不可。一大间的中间是起坐处，中置一大火炉，因为板壁并不到顶，此炉使全宿舍温暖有余。另外有空屋子作为盥洗间。初进学校的一定得住“黑间”，年级渐高，就可迁住较好的临窗房间。在自修或就睡时，把布帘拉上，就没人扰乱；围聚在起坐处又如一家人。

《文化人的经济生活》

谢世基：简单的校舍

北洋大学的校舍也狭窄简单。初期建筑的多数教室、实验室、图书室、体育室、测量仪器室、书库、本国教职员工作室及其宿舍、学生宿舍、食堂、浴室等和几栋外国教员住宅，都是平房。带有钟楼的工程大楼（内有实验测验室、教室、设计制图室、地质矿物标本陈列室、外国教员工作室、学校接待室等）、机械工程小楼（机械实习工场和机械工程教室）、校长室、教务处和另几栋外国教员住宅才是两层建筑。到1914年加建了一两层的理化楼与工程大楼相连。没有礼堂，有事时只好利用化学教室。化学教室的地面是阶级建筑，弧形桌椅仅可坐约四百人。

《1919—1925年北洋大学的鳞鳞爪爪》

图书馆

谢世基：简陋的教学设备

教学设备和生活设备俱简单。平房建筑内始终没有暖气装置，靠烧煤炉子。图书室兼阅览室，除书柜外，仅有摆着日报杂志的两行条桌和十几张单凳。测量仪器只够30人同时使用。体育室仅有四个吊环和一副篮球圈板。机械实习工场只有小型的车库、铣床、刨床、钻床、磨床、牛头车床和木工车床各一部，以及少数铸工、锻工、焊工和虎钳工设备。建筑材料测验室和水力机械实验室的设备每种都只有一套，而且种类不齐全。室外体育运动设备只有一个足球场、四个网球场和一个冬季临时挖成浅池灌水冻结的溜冰场。图书室藏书很少，图更少，而且几乎全是古典或早年出版的。日报只有本埠的几种。杂志只有美国出版的几种，都是工程技术和自然科学方面的。1923年秋学生新宿舍建成，将一栋旧宿舍改为图书室兼阅览室，面积较大。

物理实验设备完全是老一套，测算重力加速度的结果，每年老是600—800厘米／秒。化学实验设备较完好。地质和矿物标本陈列室，由于多年积累（采矿系每年的地质旅行带回一些标本），一眼望去大有可观，实际则大部分采自华北几省，少有其他地区的，国外的更少。地质学和矿物学教室有二十来幅挂图，前后排叠，卷在一个盒内，可以随意拉下或自动卷上，使用方便。很少采矿和冶金工程模型，直到1923年秋才将旧图书室辟为矿冶模型室，没有土木工程模型。校前北运河边设置了一个水位变化自动记录站，因北运河在天津距海近，每日海潮涨落使水位升降的幅度相当大。气象观测设备不齐全，也不经常进行观测。有一架视筒长约两公尺的大型望远观察仪，大约在1922年水星距离地球最近的一天，美国教员包尔（James F.Ball）曾用它对准水星被我们看到了。

《1919—1925年北洋大学的鳞鳞爪爪》

谢世基：天津的标准钟

工程大楼中央是学校大门，门口的“北洋大学堂”五字泥塑髹金校额和这校额上面的泥塑髹金清朝盘龙国徽，是学校的老招牌，直到1928年工程大楼被人纵火焚毁才同归消灭。大楼中央顶上的钟楼装着一座四面大钟，由钢系绳吊着的铁锤发动，在清夜，两公里外可以清晰听到报刻报点的钟声。钟的分秒由美国教员施勃理（Sperry）观测天文进行校正，在测量实习订立基线的日子增加一次校正。这是天津的标准钟，市内日本租界的大四面钟和海关钟每天打电话来校准时刻。学校接待室是全校最光鲜的一间房，但在笔者肄业的六年中，学校却没有接待过一次宾客。室内挂有一幅“研几极深”（语出《周易》）四字匾额，是北京教育部题给的。1913年教育部举行全国高等学校成绩展览会，北洋大学从历年毕业论文中选送了十几本展出，被评为第二名（第一名是浙江医学专门学校），得此题赠。室外壁间钉有自美国寄来的一块铜牌，是在北洋当过六年教授、在第一次世界大战中回国参加志愿军阵亡的陶木森（Yeo J.Thompson）的纪念碑。

《1919—1925年北洋大学的鳞鳞爪爪》

谢世基：别致的柏丛字坛

校内有一片面积一亩多的花园，种着一些草花，9月开学后大家来园看看，余时几于杳无人迹，因为无可观赏。红玫瑰虽培植得很好，但一总不过二十来盆，尽数摆在校长室和教务处。校门口踏级左右各有一树白丁香，5月间花香浓郁，告诉大家已是紧张严肃的学年大考迫近的时候。校前两个柏丛字坛颇为别致，高约50厘米的密集小柏，植在铺砌坪面的青砖间，左为篆文“北洋”二字，字大约两公尺多见方，右为“PEIYANG”一字，长约7公尺，宽约90厘米，修剪平整。此外，校长室和教务处外面及部分外国教员住宅门前有些杂花野树。由西沽村尾到校前北运河边长约800公尺的高堤两旁，各有桃柳一行，每年4月上旬学校春假期间，柳条新绿，桃花盛开，天津市内有不少人来游览的。

《1919—1925年北洋大学的鳞鳞爪爪》

谢世基：便利舒服的新宿舍

最特别而又最简陋的是七栋学生宿舍。每栋一大间，用高两公尺的木板隔成长宽各两公尺的几十个小间，如同浴室。木隔壁上钉上木条，床板两端便搁在木条上。床前一边放着一只木柜，一边是一只钉挂在木隔壁上的小桌。小间前面挂着一片左右拉动的蓝布帘。柜子和小桌之间放着一条单凳。这就是一间房，每相连两间的木隔壁上开一个孔，吊着一盏16瓦的电灯，供这两间照明。白天光线很暗，寒季门窗密闭，宿舍中烧着几个煤炉，空气污浊。宿舍中设有洗脸长台，一排龙头供给自来水，热水则由宿舍工友从外面挑进，或就煤炉烧用。直到1923年夏，才建成一栋新宿舍，有房一百多间，每间住3人，共用一张桌子自习，床铺、柜子和洗脸架还是挤得很紧，但装有暖气管，比旧宿舍就便利舒服多了。浴室单有一栋，从来只有白铁浴盆，没有放水龙头，由工友提水供用。

《1919—1925年北洋大学的鳞鳞爪爪》

刘希圣：精彩的篮球赛

北洋大学不仅在校风、学风，在治学、学术上蜚声国内外，而且在体育运动上也颇有建树。在艰辛刻苦的学习当中，同学们还在运动场上热火朝天进行各种运动。我和班上同学每天学习之后和寒暑假期间欢腾在篮球场上。学校在每个学期都举办班级和系级篮球赛。我们班我是班长又是篮球队长，我打中锋，前锋有王炳诚（老炳）、张毅，后卫有严万生及马作成等。我队的水平在系里属于中等，在比赛中，老炳的身强体壮、灵活多变，张毅的快速、准确投篮，都给观众留下深刻印象。采矿系常任冠军要属采春2班了。他们拥有大个子王宝林，他身高马大，善于突破投篮；队长曹玉侠，他球技纯熟老练，为全队核心；“小嘎豆”王如祥，他个小灵活，善于钻空投篮。他们都是学校代表队成员，采春2班也多次获篮球冠军。与他们能抗衡的对手就是地春2篮球队了，袁秉衡身高臂长，灵活多变，投篮准确，姿势优美，还有郝石生、陆克政等，两个队争夺全校冠军时，校园内贴满了海报。两队分别进行了部署，我当时作为采矿系主席，自然与采春2队进行了战术研究。分析对方的特点防卫对策及我方进攻战略。两队比赛时，全校师生争相观看，赛场竞技精彩，欢声四起，气氛异常热烈，堪称北洋每学期的盛事。

《回忆北洋大学运动场上的几件事》

李宝法：与药罐相伴

1947年春，北洋前辈请校友回校聚会，顺便对同学讲话以资勉励。使我最惊讶、印象深刻的是陈立夫学长的讲话。他很幽默地说：“今天我看到同学都很活泼健康，课业也很好，感到欣慰而敬佩。我看宿舍内各位书桌上都没有药罐，我们读书时书桌上几乎都有一个药罐。因为课业繁重体力不支，不是吃药治病就是滋补以维学业。考进北洋的学生能毕业出校门的大约只有四分之一。其中四分之一是被退学，也有四分之一是自行转学的，更有约四分之一是读书读死的。”我们极大部分同学都觉得课业繁重，终日埋首课业，不敢轻松。但听了陈立夫学长这番话后，除了由衷敬佩北洋前辈之余，深感羞愧并自知程度太差，岂能不更加用功。从此我们对北洋有了更深一层的认识与敬仰。

《回忆北洋大学点滴》

北洋大学教授住宅区

北洋大学校徽

王炳诚：煤油灯下苦读书

那时候，学校为了节省电费，规定每晚10点，教室和图书馆全部熄灯。我和多数同学一样，每人自备了一个煤油灯，几乎每天晚饭后都到教室复习功课。学校一熄灯，自己点上油灯，学到夜12点，天天如此，星期天还要补上半天，可谓孜孜不倦！慢慢地，我找到了一点窍门，变复习为预习，争取时间先把老师要讲的新课提前看一遍，把英文生字全部翻译出来，这样就越学越省劲了。

《永不褪色的记忆》

王炳诚：随时随地是考场

还有一点让同学感到紧张的是，北洋大学只有期末考试有规定的时间，期中和月度考试，从来是不通知的。教师随时对学生进行考试。不仅我一人，多数同学都处于精神紧张状态，随时随地都是考场。那时，学校有一条规定，高等数学、物理、英语、化学等主科有一门不及格就不允许补考，要失掉继续学习的机会。有一名和我同住四斋姓高的同学，期末考试微积分得了59分，老师硬是没有让他过关，在宿舍哭了几天，还好，经过补考保住了学籍。

《永不褪色的记忆》

叶秀峰：连中三元

民国7年，北洋果有了一次连中三元的盛事。当时未尝不引以为自豪和骄傲，因忝列为北洋学生之一故也。

该年的三元：一为外交官考试第一名徐谟，一为高等文官考试第一名励平，一为清华留学考试第一名康时敏。以一个大学在全国同时的三种重要考试中，均获得榜首，岂是易事？至今想来，仍觉得是永恒的光辉。

《北洋的连中三元》

谢世基：最怕名列“红榜”

各门功课大都习题多，或者教员发问多，部分课程不时举行小考。实验测验报告、实习记录、作业图卷等都必须如期交送。有的教员还调阅习题本子。以上这些东西和设计制图及各种图画由教员逐次逐件评记分数作为平时成绩。学年终结的大考是最严厉的，人人都怕名列“红榜”。每年春假过后，点蜡烛开夜车的人数大大增加，准备战斗。大考成绩合并平时成绩计算发榜，一门和两门不及格的在秋季开学前补考，三门不及格或一门补考仍不及格的留级。

《1919—1925年北洋大学的鳞鳞爪爪》

谢世基：简单朴素的日常

各膳团伙食费，高的每月6元，有低至4元以下的，一般极少添菜。毕业时，老例由外国教员宴请学生一次，不知从哪年起改由毕业班宴请中外教员，但不是每个教员都请，而要全班都同意请的才请。有几省同学在开学后举行茶会欢迎新入校的同乡，在放假时置酒欢送毕业的同乡，并摄影留念。学校功课紧，距离市中热闹地方远达十里，只有一段可乘电车，周末赴市购物、理发、听戏、看电影或吃小馆子的，通常一总不过二十来人，各人匝月难得一次。赴市乘坐人力车到最近的电车站，车资一角多，严寒时北运河冻结，坐冰排不到一角。到1923年，同学租赁电影于周末来校放映，上街的更少，自映电影很便宜，外国教员大半携眷参加。校前有一小卖店，出售干果、水果、白酒、汽水之属，种类不多，通常记账，积至1元以上时付与1元，一个月花到1元的很少。宿舍工友也有贩卖零吃的，品样更少。校后果农有广大葡萄园，成熟时颇能吸引同学。

同学们四季穿着长衣，上课间体操时也不例外；没有中山服、学生服。衣料大都是布质，少见丝呢毛货。这都早已成为传统。穿着西服、大衣、皮鞋是极个别的，穿马褂的也不多。

同学们没有团体费用开支，相互间绝少馈赠，其他零星杂用一般都少。课后调节脑力，止于打网球、下围棋、拉两段胡琴、哼几句京调，或到阅览室翻翻报刊，但人数都极少，大多数是晚餐后走出校门散散步。冬天日子短，晚饭前早已天黑，出门不得，就只有聊聊天，到体育室看看打篮球了。这些都是不花钱的。自己订阅报纸杂志的，全校不过几人；另买参考书的也极少。

综合来说，由于环境的特殊和传统的约束，北洋学生的生活是高度简单朴素的，甚至可以说部分同学终年埋头书本，带有一点学究气味，没有青年应有的活跃。在校一年的用费(不算回家旅费)，一般不过200元，最省俭的有140元也可以过去，这比同时在京沪读书的节约多多。

《1919—1925年北洋大学的鳞鳞爪爪》

夏荣海：因材施教

进校之初，国文和英文两门课程要进行甄别考试，通过了就可以免修。北洋的学风很好，免修的同学不是去玩，而是用来学习。我很幸运，两门都免修，于是语文课就去理学院听数学，英语课就去听本校赵教授的德国夫人赵林克蒂女士的德文课。

《回忆北洋》

郝俊芳：全英文教材

所有教材或讲义全是英文的。每学期都是根据系里公布的教科书名单由学生们自己准备。除少数可以购买到高班学生用过的二手书以外，绝大部分都需到市内劝业场或天祥市场龙门书店购买由原版影印的教科书。由于系国内影印，无须排版，所以价格比进口原版书便宜甚多，一般学生能负担得起。影印版的文字、图表、曲线均与原版相同，只是图像不够清晰。据说这种影印技术是20世纪二三十年代由北洋大学发明的。

校图书馆也能提供少量基础课教材。我借用过一本《英文语法大全》。从序言可知，该书为北洋外籍教授所著，全部用英文编写，其中所讲述的图解式句型分析法，简单实用，深受学生们欢迎。听说北洋早期还编写和出版过各种类似的大学教材。

采矿系高年级用的专业课教科书因用量有限，国内没有影印版，如试金学、矿山估价、浮选学、砂金探矿等都买不到教科书。对此，任课教师们都提供了自编的英文讲义，蜡纸打字、油印发给学生。

当时我班只有三人上浮选课，照样有油印讲义。用后我把这些讲义装订成册，毕业时共有七八本之多。

《北洋四年（1947—1951）久远而珍惜的记忆》

郝俊芳：解放前夕的文艺活动

北洋虽属理工类大学，但学生们课外文艺活动却一直丰富多彩。仅在1947年底到1948年天津解放前夕短短一年多时间内，同学们在课余就举办过如下的文艺活动。

演出郭沫若大型历史剧《屈原》。剧中婵娟扮演者为纺织系大一新生常致芳，演屈原者为一位高年级学生。地点在化学馆大阶梯教室（能容400人）。有简单道具与布景，演员们的化妆和服饰相当到位，表演逼真。婵娟误饮鸩酒丧命时，屈原慷慨激昂地朗诵长诗橘颂等情节，均感人至深。

黄河大合唱。黄河颂和黄河怨的演唱者分别为吴振江（大一机械系）和张润（大一化工系）。还有《河边对口唱》及《怒吼吧，黄河》等合唱曲目均相当精彩，演出可能不止一次，我观看的那次是在大阶梯教室。

露天文艺晚会。地点在U字楼东北、大食堂以西的小运动场，是学生们的综合性歌舞节目，内容大部皆忘，只记得有庄姗（大一纺织系）表演的踢踏舞。在淡淡月光下，她身着短裙以轻快的舞姿突然出现在场地中央，群情为之振奋。为她伴唱的歌曲可能是王洛宾的《半个月亮爬上来》或《阿拉木汗》。

室内同学联欢会。时间元旦前后，地点在大阶梯教室，是综合性文艺演出。节目形式多种多样，至今仍能回忆起的有二：一是吃电灯泡，表演者一手端一杯凉水，另一只手把白炽电灯泡往嘴里送，边送边嚼（在台下能听到咬碎声），中间喝水，自称是把玻璃碎渣咽入肚内，实际可能是随时吐回杯中；另一个是用锯木头的手锯弹拉出动人旋律。

天津市大中学生联欢会。时间1948年春，地点南北大楼之间广场。除北洋外，还有南开、冀工、津沽等大学及市内耀华、工商等中学生参加，有两三千人之多。此次活动是天津市、北洋地下党和民青等组织，其目的主要是揭露国民党统治之腐败及宣传共产党的方针政策。除集体联欢外，还以北大楼前二楼平台为舞台，各校学生表演了自编的文艺节目。其中有一个活报剧是讽刺当时南京国大的总统选举，化装成小丑的竞选者有蒋介石、李宗仁等依次登场表演，极尽讽刺之能事。解放前夕，校园内这些文艺活动对团结教育广大同学起了很好作用。

《北洋四年（1947—1951）久远而珍惜的记忆》

杜鹤桂：求情失败

北洋大学有一惯例，课程考试完后批改试卷的阶段，学生不要和任课教师接触，待考试批改成绩出来后，及时送交教务部门，及时张榜公布，避免考试成绩说情和不规。学校学籍管理明确规定：各课考试成绩均以满60分为及格，学期成绩不及格课程之学分总和不满该学期修习学分总数三分之一者，不及格科目之成绩满50分者给予补考一次，不满50分者，不准补考。1948年我冶金四班有位同学，冶金计算课程考试没有及格，只有40多分，失去补考资格，课程势必重修，直接影响即将到来的毕业。当时讲授这门课程的是国内外著名冶金学家、系主任魏寿昆教授。我是冶金四班之代表（班长），受全班同学委托，冒犯常规前往教授家拜访魏教授说明情况，能否给某同学课程考试成绩提高到50分，给予一个补考机会，争取按期毕业。魏教授当时回答：这是北洋大学的硬规定，学生考试成绩不能随意更动。坐在教授一旁的魏师母顺便插言：我从来没有听说，北洋大学学生成绩不好到教授家里来说情的。我无言以对，悄然退出。北洋大学教授治学态度和考试成绩的评管制度就是这样严谨和严格，深深地教育了我，使我长期不能忘怀。

《忆北洋生活二件往事》

北洋大学主教学楼

建于 1935 年的机械系飞机陈列室

高澜庆：考分精确到0.1

北洋大学考试严格是早有耳闻的，但严格到什么程度，不得而知。通过考卷判分才体会到老师采用扣分制，且严格到0.1分，而且绝无通融可能。如我一年级的9门课程，有7门课的成绩带小数点。我的微积分成绩为92.3分，物理为79.6分，国文为74.5分，工程画图为88.5分，工厂实习为79.5分等。其实国文课主要是考一篇作文，居然也带小数点。有的同学国文得了59.5分，也不给及格。张国藩教授的大一物理，有约三分之一的同学不及格，连工厂实习等实践环节也不例外，分数都算到小数点后。且规定两门课不及格就留级，三门课不及格就退学，所以淘汰率很高，但这也培养了我们实事求是和一丝不苟的北洋精神。

《回忆母校二三事——镂心刻骨的记忆》

第五章 生源与课程设置

张含英：一个志愿，考入北洋

我是山东菏泽人。菏泽是曹州府首县，位于黄河南岸不远的地方。菏泽城外有护城堤，这是因黄河经常决口泛滥而筑的。老人们说，曹州是历来黄河经常泛流的地区，近年不还时常听到黄水涨发的警报吗？清朝咸丰年间改道的大灾难，是他们亲身经历的。我每每站在堤顶向远处瞭望，默想着，思考着，这条哺育中华民族的黄河，怎么又会带来这样大的灾难呢？能不能治理呢？这种原始的、模糊的念头不断在头脑中酝酿着。中学快毕业了，学什么呢？我决定走建设祖国，改造自然的道路。

家乡有在北京大学读书的人，我向他们述说了我的想法，并问他应该考哪个系。他说："土木。"我又问："在全国大学中，哪个大学最好？"回答是迅速和准确的："最好的是天津的北洋大学！"后来我又问了好几个人，大家竟一致推荐去北洋。我暗暗下了决心，好！我一定考北洋。就这样，在我中学毕业后，第一个志愿就是考北洋大学，根本没有第二志愿。那时北洋在天津招生，同时也在北京招生，为了达到一定要上北洋念书的目的，我不但在北京报了名，也在天津报了名。结果我幸运地考上了！当时高兴的心情真是难以形容。

《北洋大学回忆片断》

张度：入学报到

1922年8月下旬，我自北京来到天津这个举国闻名的国立北洋大学。一路上是多么兴奋呀！我就要步入大学学府了，而且是国立大学。当时国内工科大学本来就寥寥无几，只有南洋大学（现在的上海交通大学）、北洋大学、唐山和北京两个工业专门学校。北洋大学不仅在国内闻名，还称誉欧美。北洋大学毕业生的学业水平为欧美各大学所承认，毕业生去留学，不用再经过考试，就可以直接进入研究院做研究生，读学位。

一进学校，主楼是一座三层大楼，中间是更高的钟楼，两翼向左右伸展，气象雄伟，特别令人瞩目的是“北洋大学堂”五个金光闪闪的大字，它的上边有一个大圆图案，两条金龙，盘旋飞舞。这个图案标志着这座楼还是在前清时期建筑起来的，足以说明学校的历史。主楼前是花圃，再前是大操场，操场的边缘就是北运河的大堤了。堤上垂柳成行，都是多年的大树，万线迎风，摇曳多姿，景色好看得很。穿过主楼进入校舍庭院，一条甬道被两行参天的白杨夹引，通过两道过厅到达一座大风雨操场。风雨操场两侧对称着像大仓库一般的建筑。为什么说像大仓库的建筑呢？它们原来就是仓库，还是存放武器的仓库。在未建校前，这里是储存武器的地方，后来就原址改建大学，保留了一些房屋，院中还一直陈列着几座大炮留念。那时当地人还把北洋大学叫武库大学堂呢！这些建筑有的改建成教室，有的改建成学生宿舍。房舍之间点缀些花木，环境很是幽静，陶诗“结庐在人境，而无车马喧”，可以引来为这里写照了。

我向学校报了到，交纳学费十元，就正式入学了。随后开学、上课、领取书籍和绘图仪器等等。书籍仪器等全是由学校供给借用的，学年终了时交还，或半价购买。课本全是美国出版的英文书籍，教授讲课也全用英语。学制是本科四年，预科二年。本科设三个系，即土木工程系、采矿系和冶金系，1925年秋季起将采矿、冶金两系合并为采矿冶金系，另加设机械系。全校学生不到三百人，本科三个系的四个年级，共十二个班，学生总人数不到一百人，其余都是预科学生。

《回忆二十年代的北洋大学》

刘介尘：从北大到北洋

北洋大学校址在天津北郊北运河右岸的西沽村，离城五六华里，是华北成立最早、声誉最好的大学之一。1917年北京大学校长蔡元培把大学的校院科系加以调整，规定以后北大只办文、理、法的预、正科，停办工矿的预、正科。北洋大学则专办工矿的预、正科，停办法科的预、正科。自1917年暑假后开学起，北大理工预科毕业生愿升工矿科系者，送北洋正科肄业，以后不再招收工矿预科新生；北洋法预科毕业生送北大正科肄业，以后不再招收法预科新生。

我原是北大理工预科民8年班学生（即民国8年毕业的班次），毕业后即送升北洋土木工程系民十一年班肄业。当时北洋有矿预科和正科的土木、采矿、冶金三系各年级的班次，还有法科预、正科的班次，共计学生十三四班，数额500多名。学校经费由关税余款（或者是盐税余款，记不清了）拨交河北省政府转发。

《1920年北洋大学学潮回忆》

朱玉仑：唯一的志愿

我的家乡是河北省临城县，在太行山的东麓，地瘠民贫，文化比较落后。在我童年时代，全县仅有高等小学一座，学生不满200人，还是清末维新时期先父从日本留学回国后与其他几位乡老创办起来的，到外地上中学和大学的更是寥寥无几。在县城西北十余里的祁村镇，有一个全国著名的煤矿，就是当时十大煤矿之一的中比合资经营的临城煤矿，这是我童年时代经常去游玩的地方，我亲眼看到外国人的生活阔绰无比，中国工程技术员工的生活水平，也是当时富裕农民所望尘莫及的。煤矿附近几个村庄的土地得到矿坑水的灌溉，旱涝保收，普通农民的生活亦较其他地区为优越。在这种客观现实的触动和先父的教导下，我就逐渐产生了要上大学，要当工程师的念头。因此，1915年考入保定直隶高等师范附属中学后，就特别注意英文和数理化的学习，每次考试都名列前茅。那时已慕名天津国立北洋大学是我国著名的工科学府，那里的采矿冶金系则是全国独一无二的，更使我滋长了向往的心情，校长刘诵青先生和几位老师也都劝我毕业后投考北洋大学，献身于祖国工业建设事业。所以1919年中学毕业后，我唯一的志愿就是报考北洋大学。当年在天津、北京、上海三地报名投考北洋大学的共约两千数百名，招收名额仅120人，其中60人为正取，60人为备取，需要补习一年后才能升入预科。新生名单公布后，我和中学同班马英铨、甄琳都以前二十名正取生录取。中学校长、老师和同学们都热烈祝贺我们为母校增加了荣誉，我们自己亦由衷地为能作为一个北洋大学的学生感到光荣。

《母校北洋六年的大学生活》

谢世基：投考北洋大学

北洋大学是那时仅有的三个国立大学之一（其他两个是北京大学和山西大学），又是那时工科办得最有名的三个高等学校之一（其他两个是南洋公学改名的上海高等工业学校和唐山高等工业学校）。笔者赋性孤僻，拙于活动，自计唯有学习工程，抓点实在本事，才能谋生自立，认为进六年毕业的大学比进四年毕业的高等工业学校会要学习得多些，北洋既负盛名，用费又比较少，遂决心投考这个大学。

在以前，湖南中学毕业生升学的一贯不多，每年不及20%。在新文化运动加上五四运动的激荡下，1919年暑期掀起了空前未有的升学高潮，连早一两年毕业已经辍学的也出动了。北京是新文化运动的中心和五四运动的大本营，又是京城首善，吸引力最大，因此大多数来到北京，其中志愿学习文理法的，都想考入北京大学，志愿学习工程的，都想考入北洋大学。定例，北洋大学在北京、天津和上海三处招生，办理招生考试的十几位教职员先到北京，次回天津本校，后到上海。我们决定投考北洋大学的在北京应试后，觉得没有录取把握，一部分赶到天津再考了一次。招生章程规定：凡被录取的学生，于8月15日以挂号信通知，届期我们紧张极了，倚门盼望绿邮送来一封北洋大学的挂号信。

这年"正取"了30名，另有80名"副取"。通知书上写明，"副取"的在读完一学期后，如考查成绩合格，即归入"正取"，否则退学。后来到期末没有考查成绩，从而没有退学的。入校后听说，京津沪三处投考总人数约为八百名，凡"副取"的都是英文试卷未满60分的。北洋招生只考四门：国文、英文、数学（包括代数、几何和三角）、物理，比北京大学和北京高等工业等校简单些。这一年我们从长沙来升学的，考入北京大学的最多，有三人考入北洋大学，其余考入北京高工、北京高师等十多个学校，还有二十多人在这年秋或稍迟前往法国从事勤工俭学。

《1919—1925年北洋大学的鳞鳞爪爪》

魏寿昆：课程门类多

我是1923年到1929年在天津北洋大学读书。当时的学制是小学七年（初等小学四年、高等小学三年），中学四年，大学六年，其中大学预科二年，本科四年。在预科学习数学、物理、化学、英语、德语、国语及制图，二年读完成绩及格后直接升入本科。在本科我读的矿冶工程系（当时称为采矿冶金学科），既学采矿又学冶金，学习课程门类很多。数理力学系统的课有高等数学、物理、应用力学及材料力学等，化学系统的课有无机化学、分析化学、物理化学及工学化学等，地质系统的课有地质、地史、矿物、岩石及矿床学等，机电系统的课有机械学、热机学、机械设计机工厂实习及电工学等，土木系统课有测量学、房屋建筑等，采矿系统的课有采矿法、矿山机械、矿山运输及矿山法规及矿业经济等，冶金系统的课有选矿学、试金学、钢铁冶金、有色冶金、金相学及矿冶厂设计等。课程门类多，学生负担重。

《北洋的学风》

常锡厚：通才教育

我于1927年入学，1933年毕业。那时是六年制：两年预科，四年本科。两年预科时，数理化及外语打下牢固的基础。同学觉得跟不上受不住而转学退学者有之，不及格降班、被勒令退学者有之。外语以英文为第一外语，很多课程用英文原本，课堂授课用英语者占多半。德文为第二外语，预科时开课。制图课在预科，很繁重，为了交作业，周六晚、周日往往需要忙于制图，人人求好比着干。本科只设土木、机械、采冶三个系，自愿报入，前一二年还可要求转系。对学生个人志愿很重视，一个学生不愿哪一科一定勉强他学哪一科，那时是行不通的。本科四年的课程安排，大体上前两年为专业基础课，后两年为专业课。学习范围较广泛，确实有些“通才教育”意味。例如土木系前两年课程中除高等数学、测量学、工程力学之外，有一学期的每周一下午的化学定性分析实验，有热工学、机构学、地质学、金属工艺学、金工实习等。后两年专业课程中把房建、桥梁、铁路、公路、水利、市政卫生六个专业都包括在内。每门排一学期，每周占2或3学时，有的另加一下午设计课。记得学水利工程时，农田水利、治河防洪、水力发电、航道港口都讲，发下不少原文书（当时实行贷书制，由学校免费贷给课本及主要参考书），大都是提纲挈领地一指点即过，自修详读的时间无法抽出。上列六类专业课都是这样学习的。

《忆北洋发扬好传统》

谢世基：科系设置

北洋大学规模狭小，从来正科只设法科和工科，法科仅有法律系，工科初期仅有土木和矿冶两系。到1917年，北京教育部决定北京大学停办工科，将工科并入北洋大学，北洋大学停办法科，将法科并入北京大学，北洋才把矿冶系分为采矿和冶金两系。但法科未毕业的两班保留在本校，最后一班于1920年夏毕业，以后北洋就成为专办工科而且只有土木、采矿、冶金三系的国立大学。（后来在1925年秋增设了机械工程系，同时将采矿和冶金两系又并为矿冶系）法、工两科的学生，在1917年以前，主要来自本校预科。1917年和以后两年秋季，次第接受北京大学理工预科毕业愿入工科的同学，与本校预科毕业生混合开班。1918年以前招过“特别班”，修业一年升入本科。1921年起连续几年招有补习班，修业一年升入预科。1922年改革学制，全国取消大学预科，设立高级中学，1925年以后入大学的应该都是高中毕业生了，但北洋大学迟到1930年夏，预科的最后一班才毕业。

《1919—1925年北洋大学的鳞鳞爪爪》

▷ 测量仪器室

▷ 化学讲堂

谢世基：北洋预科的课程设置

北洋大学预科的功课是：（1）国文，（2）外国文，（3）数学，（4）物理，（5）化学，（6）图域（包括习工程字）。每周上课小时数为：（1）国文3时；（2）英文第一年9时，第二年8时，学习文法、读本、作文；德文6时，学习文法、读本；（3）数学第一年7时，学习代数、几何、三角；第二年6时，学习解析几何；（4）物理2时；（5）化学第一年不学习，第二年2时；（6）图画6时，第一学期学习自在画，第二学期学习几何画，两期都习工程字，第二年学习投影画。

预科毕业后，发给毕业证书，进本校的土木工程系或采矿工程系或冶金工程系，随各人选择决定，学校不提意见。

《1919—1925年北洋大学的鳞鳞爪爪》

谢世基：土木工程系的必修课

土木工程系的功课为：（1）英文（读本、修辞、字源分析等）；

（2）数学（微积分、投影几何、微分方程式、最小二乘式）；（3）物理学及实验；（4）化学及实验（一般基本实验、定性分析、水质分析、煤质分析等）；（5）测量学及实习（平面测量、水文测量等）；（6）暑期校外测量作业（大面积地形测量及制图）；（7）应用力学和图法力学演习；（8）材料力学；（9）水力学；（10）材料学及材料强弱测验；（11）热机关学；（12）电气工程学；（13）物理地质学；（14）工程地质学；（15）测地学；（16）钢骨混凝土学及设计制图；（17）地形，地图和经纬线的各种绘画法；（18）透视画；（19）砌工学；（20）机械学原理及设计制图，机械零件和总体制图；（21）机械构造运转及机械工场实习；（22）水力机械学及实验；（23）房屋构造学；（24）铁道曲线和土方工程学及曲线订线实习和制图；（25）铁道构造学及设计制图；（26）铁道工程学及计算制图；（27）暑期校外铁道作业（选线，定线，订线，路基纵断面测量和设计、横断面测量和土方计算处理，桥梁、涵洞、栈桥等设置地点的确定和测量）；（28）电气铁道工程学；（29）道路工程学；（30）水利工程学（江河泄水、河道整流、江河改善、灌溉工程等）及设计制图；（31）卫生工程学及设计制图（自来水工程、下水道工程）；（32）桥梁工程学及设计制图；（33）冶金制器学；（34）工程法制；（35）工程经济学；（36）毕业论文。

我们土木工程系14年班学习上列课程，除数学、法制、经济由本国教员讲授，英文练习、平面测量实习、理化实验由本国教员指导和阅改卷本报告，部分铁道构造学、房屋构造和冶金制器学由本国教授讲授指导外，其余30门均系外国人担任教员。

《1919—1925年北洋大学的鳞鳞爪爪》

第六章 校风与校制

魏寿昆：以严格著称的大学

北洋大学的入学考试及学期、学年考试均以严格著称。当时国内各大学都各自招生，北洋只在北京、天津、上海（有时去广州）几个城市招生，但北洋在校同学则遍于全国各地，远至四川、广东、广西、云南及贵州各省都有，江、浙、闽、赣、湘、鄂同学更不少。当然由于学校设在北方，华北东北近水楼台，学生来源当以此部分人居首位。每年报名投考者数以二三千人计，但只录取一个班仅六十人。另录取一个补习班也六十人，多补习一年考试及格明年即自动升入大学预科学习，所以这些人要读七年才能毕业。这样每次预科一年级有一百二十人，六年之后毕业时（经常三个系）只不过五六十人，淘汰率高达50%—60%。中途落选的人有种种情况，如降级、病退，或因经济困难退学，也有因政局动荡（当时正是北洋军阀混战时期）被迫退学，等等。

《北洋的学风》

▷ 魏寿昆

魏寿昆：讲课之前先点名

教师对学生要求很严，而学校行政对教师要求也很严格。当时在课堂上教师在讲课之前先要点名，点名单放在学监处（即现在的教务处），在上课之前要每位教师亲自去取。学监王龙光（王紫虹）经常对教师进行检查，在上课几分钟之前站在学监处门外，向去取点名单的教师们问声“早安”。有一次，一位美籍教授在上课铃响之后才来取点名单。当时王龙光毫不客气拿着怀表对着这位迟到的教授说：“教授先生，你迟到三分钟！”那位教授面红耳赤连忙道歉。从此以后再没有教师敢迟到了。

《北洋的学风》

❖ 魏寿昆：俭朴苦读的学风

北洋大学是一所比较贫穷的学校。校舍是由清朝武器库改造的，并不华丽，经费少，贫苦的同学较多。当时学生每年交学费10元，新“U”形宿舍楼盖成以后每年收宿费12元，对学年考试成绩超过85分的学生，可以免交下学年的学费及宿费。书籍有贷书制的办法，即教科书全部由学校供给，读完一门课后该门教科书可由学生以半价收买，如不愿意要则可交还学校。学生的主花费是每月的伙食费。伙食由同学自己经营组织食堂，1923年我初入学时每月伙食费五元，到了1929年毕业时因物价上涨伙食费增加到每月七至八元。因此一个学生如果节俭度日一年有100元就足够了。可是当时国内其他大学，例如有些教会大学或私立大学，一个学生每年要花费200至300元。北洋全部学生住校，校址在天津北郊，离城中心较远，学生很少进城，星期日也死啃书本或做作业。北洋大学一向有俭朴苦读的学风，西装革履的同学极少，绝大多数同学都是长袍布履，花花公子的少爷们不到北洋来读书，他们吃不了那样的苦。

《北洋的学风》

魏寿昆：发扬“实事求是”的精神

“实事求是”是北洋大学的校训。学校行政企图用实事求是的精神治校，同学争取用实事求是的精神学习。北洋校徽是一个钟形红棕色铜牌，中部镶以景泰蓝的工科大楼图样，两旁镶有“实事求是”四个篆体字。由于当时当地的历史条件，“实事求是”的校训不可能得到贯彻实施。北洋的校风是死读书，学校用严格的考试制度压学生，很少顾到学生的全面发展。学生头脑里充满了个人奋斗的思想，在动乱的那个年代努力学得一些技能和知识，期望在毕业后取得糊口之计以立足于社会。纵然如是，北洋大学有着严整不苟的教学计划，丰富完整的课程体系，充实认真的实验设备，认真教学的师资阵容，在过去年代中的确培养出来不少国家建设需要的栋梁人才，在全国矿厂、钢铁基地、铁路、土木、水利、机电以及工程教育各阵地，承前启后，继往开来地做出了一定的成绩。

《北洋的学风》

荣毓瑛：艰苦朴素的作风

北洋师生一贯保持艰苦朴素的作风。这个学校的校舍并不阔气，是由原来清政府的武器库因陋就简改建的。以经费来说，比起当时几个著名大学来，也比较少。在军阀混战祸国殃民的苦难岁月中，长期不发经费，中国教授照常教课，毫无怨尤，而外国教授则相继离去。北洋的学生，家境不富裕的比较多，有的学生从考进校门，就赖课余找工作所得缴纳伙食费。对贫苦学子，学校和同学都勇于帮助，绝没有歧视的表现。学校职工人数不多，效率较高，学校大部经费，主要花在学生方面。对学生的帮助，简要说来，有以下几点。

第一是收费少。早期不仅不收学费，还给学生补贴，中期每年收学费10元，后期每学期收学费18元。凡学年考试成绩在85分以上的，就免收下学年的学费。至于杂费、试验费等收费也很少，每学期不过3元。

第二是实行“贷书制”。学生开学后所用的书籍、仪器、绘图及报告用纸，以及铅笔、橡皮、丁字尺、三角板等物，一律由学校供给。学期终了或学程完毕，把书籍退还学校，如不愿退还，即照原价的半数交款，所有纸张等物，一律不收费。这一措施，是当时各大学绝无而北洋仅有的，对贫苦学生帮了大忙。

第三是伙食问题，学校供给房屋炊具，由学生自由结合组成伙食团。最多时有12个伙食团。南北学生口味不同，各择适合自己胃口的伙食团就餐，非常方便。伙食费很省，20年代每人每月5元足够，30年代每月8元还有节余。

北洋学生衣着朴素，大都是蓝布长衫一袭，穿西装革履的虽有，但为数极少。同学之间都很友爱，对外校同学也热情相待。如“九一八”事变后，东北大学学生流亡进关，北洋学生热情接待，同堂听课，先为借读，后来北洋学生首先提出，请学校把东北借读生转为北洋正式学生，这一行动，造成全校同学的团结友善气氛。

《北洋大学琐记》

谢世基：严格的请假制度

上课时由教员点名。开学后几天内的点名单是写就的一大张，粘附教务处给教员的英文通知：“请教授们将点名单内没有盖印‘学费收讫’图章的学生遣来教务处。”几天后换用铅印的正式点名单，每节课用一张(若几节相连中间不下课，则共用一张)，由教员签字。点名单上的学生姓名，中英文并用，按上年大考榜上名次(新生按取录榜上名次)编号排列。这个号码在一年内的作业和试卷上都要和英文姓名一并写出。点名未到的，写上缺席符号。

不论因病或因事缺席，均无需事先请假。到缺席时数多到足以扣除学年成绩的总平均分数时，教务处即送来请假单，让学生补行请假。按规定，请假达40小时扣除1分，如未请假，则为旷课，每旷课1小时，作请假2小时计算。

《1919—1925年北洋大学的鳞鳞爪爪》

荣毓瑛：校长到课堂听课

学校领导大都保持着深入教室的优良作风，校长到课堂听课，对有经验的教授是无所谓的，但对经验不足的教授，就能起到促进作用。北洋有不少老而严的教授，不论对学生怎样严格，学生也是尊敬他们。对有些经验不足不能满足学生要求的新教授，学生常以全体不听课的方式进行抗议。学生对教授在教学质量方面的要求比较严格，学校也支持学生的合理要求。

《北洋大学琐记》

荣毓瑛：重薪礼聘有名望的学者

学校对于有名望的学者，不惜重薪礼聘。当时学者名流也都愿到北洋教书或兼课，并引以为荣。当时北洋名教授荟萃一堂，可谓极一时之盛。好的教授讲课俨如名角登台表演。例如桥梁专家茅以升先生，在北洋教授结构学，用流利清楚的英语讲授，深入浅出，说理透彻，吸引力极大，不但本班学生，别班学生也来加座听课。课堂内外，大家洗耳静听，很受欢迎。有的学生讲："听茅先生一堂课，比听梅兰芳一出戏还过瘾！"

《北洋大学琐记》

第七章 社团与革命

牛宝印："民先"的诞生

1936年2月上旬，有20多个青年学生，在北洋大学的一间屋子里开会，宣告了北洋大学民族革命先锋队的诞生。这次会议即成立大会。大家充满豪情斗志，唱国际歌，在共同的政治目标下团结得更加紧密。"民先"设队长、组织委员和宣传委员，下设小队和小队长。当时除了南下宣传去过保定的同学张多疆、陈盎德、林心贤、孙景芳、刘讷、冯有申、于奇、马克昌以外，还有徐瑞恩、付景洪、朱树荣、刘莹、王从善、曲圭善（曲介甫）、张沛（童铣）、邹高清（袁心湖）、钱万生（宗群）、牛宝印、孙洞等二十多人。正副队长为冯有申、马克昌，马克昌兼组织委员，宣传委员邹高清。负责北洋"民先"队参加天津"民先"和天津学联工作的为徐瑞恩、张多疆、刘讷。"民先"建立后，很注意政治思想工作，除领导学生会出版《北洋学生》外，"民先"队部还出版了《民众周报》。

《北洋大学学生战斗在"一二·九"运动中》

牛宝印：西安事变掀起的波澜

1936年12月13日，“民先”队部决定举行全市“民先”野外游击战争训练活动，地点在西北郊。当天，日军密派的特务、浪人带着照相机前来拍照，由于同学们严密戒备，未能得逞。在演习中，看到当天的报纸，了解到张学良、杨虎城发动“兵谏”，将住在临潼指挥打内战的蒋介石扣了起来。正在演习的同学们群情振奋，欢欣若狂。演习结束之后，全校同学在议论西安事变，同学奔走相告，兴高采烈。少数国民党党员和“诚社”成员垂头丧气，后来，发表了释放蒋介石的消息。进步同学因为不了解党的政策，表现沉闷，而国民党员则狂妄叫嚣，燃放鞭炮。随后传达了党的方针政策，以党员和“民先”为核心的广大同学的情绪就逐渐平静下来。才认识到党的释放蒋介石、争取蒋介石共同抗日的方针是正确的。西安事变后，为了促进国内和平统一，扩大和宣传党的抗日民族统一战线，北平地下党领导的学联，决定利用合法形式，发起组织向国民党三中全会献旗请愿团，参加的有北平、天津、济南、青岛、石家庄、张家口、西安等城市的学生代表，组成了华北学生献旗请愿团，北洋大学学生会派王从善、钱万生参加。但“献旗团”受到国民党当局冷遇，连献旗的仪式也未让举行！“献旗团”返回北平后，在东北大学召开了华北学生代表大会，正式成立了华北学生联合会。钱万生被选为常委。

《北洋大学学生战斗在“一二·九”运动中》

孙越崎：罢课风波

1918年第一次世界大战结束，召开巴黎和会。日本帝国主义在会上提出要由日本继承德国在我胶东半岛的全部权利。北洋军阀政府有意签订这项条约。1919年5月4日北京大学学生激于爱国义愤，发动北京全市大中学校三千余学生在天安门集会，并游行示威。火烧了亲日汉奸曹汝霖的住宅——赵家楼，殴打驻日公使章宗祥。北洋军阀政府派军警镇压，逮捕学生三十多人。北京学生实行总罢课，并通电全国，表示抗议，这就是五四运动。

消息传到天津，天津学生群情激愤，立即起来响应。当时我是北洋大学学生会会长，代表北洋出席天津市大、中学校九名代表的秘密集会，讨论声援办法。到会的有河北高等工业学校的谌志笃、南开中学的马骏、天津美专的沙主培，大约秘密集会了三四次。最后在会上做出罢课的决议。我赶回学校，立即找演说会的几位同学商量，大家都很兴奋，马上分头向各个宿舍进行宣传，就连即将毕业的三年级同学也都表示支持。

演说辩论会是北洋大学同学中的群众组织，同学自由参加。第一位会长是徐模（后来当了外交部次长），我是副会长。徐模毕业后，我继任会长，这个组织对于发动北洋同学参加五四运动是起了作用的。学生会是北洋大学的正式组织，我认为应该告诉校长赵天麟。我和他常就学生会的工作联系较多，关系很好。这次我告诉他，明天全体同学罢课，声援“五四”，他没做任何表示。据同学告诉我，当同学们集会对罢课与否作表决时，赵曾在后面听，照当时的政治情况和北洋现状，校长不管教务，对全体罢课不予阻挡，就算难得，赵天麟不是太顽固的人。

《回忆在北洋大学的读书生活》

朱玉仑：五四运动中的北洋大学

这年暑假后，我进入了北洋大学预科，在天津市学联的统一领导下，爱国运动继续蓬勃发展，北洋同学无视当局的劝阻，多次冲破了军警的封锁，坚持游行示威及抵制日货等活动，站在游行队伍的最前列。当时领队的就是北洋大学学生会会长陈泮岭。我虽然是刚进校门的新生，但亦没有放过爱国活动的每一个机会，对学生会的骨干分子如陈泮岭、唐景周、王启元、孙越崎等表示由衷的拥护，他们在化学教室大会上慷慨激昂的发言，点燃了同学们心中的怒火。警察厅门前和省府大院的请愿示威的胜利，检查和销毁日货的壮举，更锻炼了青年学生的革命爱国意志。随着新文化运动的开展及《新

▷ 北洋大学学生积极参加五四运动

青年》《新思潮》杂志的广泛传播，北洋大学学生的思想境界亦起了一定的变化，一反过去死啃书本不问政治的风尚，逐渐将注意力引向社会问题。那时最吸引我的就是孙中山先生的建国大纲及实业计划，以及《新青年》和《新思潮》杂志上发表的每一篇文章，初步接触了苏联的社会主义思想。我就是在这种时代背景下确立了工业救国的信念并立志要到美国留学，裨能更好地为祖国工矿建设服务的。当时曾与同年级同学八人组织了一个“学余社”，并出版《学余》月刊以介绍科技知识，在校园附近的丁字沽村创办了一个工人补习学校，以提高他们的文化程度和工作能力。同时还组织了一个英语会话学习小组，利用课余时间到英文教授拉提摩尔（Lattimore）那里练习会话，为去美国留学打好基础。丰富多彩的学生生活，给我增添了生命力，至今仍在怀念。

《母校北洋六年的大学生活》

牛宝印：参加“一二一八”大示威

1935年12月9日，北平学生冲破了国民党反动政府的禁令，举行了英勇的一二·九抗日救国大示威。消息传到北洋大学，同学们心情极为振奋，学生自治会立即召开会议，研究响应北平同学的行动，派人到北平和天津各院校联系。正在酝酿组织之际，北平同学又举行了规模更大的“一二一六”抗日救亡示威游行。

天津法商学院的杨秀峰教授，通过法商学院学生朱光、郝金贵等到各大中学进行联络和组织，共同议定于12月18日，天津各校举行示威大游行，对天津学生响应北平。一二·九运动的示威游行起了推动作用。游行的主要口号是“打倒日本帝国主义”，“反对成立冀察政务委员会”和“反对华北五省自治”。事先商量好北洋大学和法商学院两校队伍在小王庄会合。12月18日早晨，北洋同学300多人到小王庄附近，同法商队伍会合后，一起到黄纬路和河北工学院，接着同河北女师学院、河北第一师范、扶轮中学、觉民中学等校的学生队伍，汇成了河北区的游行大军，沿大经路向金刚桥进发，准备通过金刚桥和南路由南开大学、南开中学、中西女中、三八女中、汇文中学等组成的游行队伍会合，进入市中心进行游行示威。

南北两路游行队伍到了金刚桥，受到了军警的阻拦。为了突破封锁，桥南桥北的游行队伍奋力冲击。北洋同学在北路队伍的前面，一方面奋不顾身地向守军冲击，一方面高唱抗日救亡歌曲，宣传抗日救亡道理，终于感染了守桥部队，他们把枪竖起来紧紧地抱在怀里，让出了一条通道，南北两路游行大军在桥上会合后一齐奔向市区。游行队伍吸引了很多市民和店员，在官银号、大胡同的街道两旁，楼上楼下站满了人。有时游行队伍停下来，向群众作宣传。队伍经北马路，穿旧城，转向西马路，沿途很多市民、店员、工人在两旁随着游行队伍前进。队伍最后在南开中学集合，开了大会，决定成立天津学生联合会（简称天津学联）。选出法商学院、南开大学、北洋大学的代表为“学联”常委。

天津学联成立不久，又成立了平津学生联合会（简称平津学联)。从此，北平、天津两地的学生运动紧密地联系在一起，声威益振，在全国有很大影响。

《北洋大学学生战斗在“一二·九”运动中》

牛宝印：南下宣传抗日

平津学生反日游行大示威，震惊中外。国民党反动政府对学生运动除实行镇压外，还采用了提前放假的办法，涣散学生队伍。党的对策是组织平津学生深入农村，扩大宣传。由北平同学组成三个团，即第一、第二、第三团，天津同学组成第四团。约定1月初分别从北平和天津出发，最后在河北省固安县会合。天津学联将决定传达给各学校后，北洋学生会召开了全体学生大会进行动员，得到同学们的热烈拥护，决定除留守人员和应届毕业的同学外，在校同学一律参加，人数约250人，按年级编队组成四个大队，大队下设小队，于1月1日早晨出发。由于这一行动被天津当局得知，派了大批军警封锁了市区内的学校，致使绝大多数学校的同学未能出来。北洋离市区中心较远，当时来的军警只把住学校大门和北运河大桥，同学们机智地从宿舍后门走出，越过结了冰的北运河，向西北方向进发。加入北洋大学南下宣传队伍一起行进的天津同学，只有法商学院四位同学（其中有朱光、庄金林、王民生等），和汇文中学的两个同学（其中有姚大衡），组成了平津学生南下宣传团的第四团。行进的路线是武清县、安次县、永清县和固安县。在行进中对沿途村庄的农民进行宣传。一进村庄就给群众唱抗日救亡歌曲。《义勇军进行曲》《救亡进行曲》，以及“中华民国二十年哪，九月十八那一天哪，关东起狼烟”，“二月里来龙抬头，宋哲元坐了外交楼，几千里地都归洋人管”等歌曲，深受农民的欢迎。结合农民遭受的压迫剥削，宣传日本帝国主义侵占东北，中国人民当亡国奴的大祸就要临头，揭露蒋介石政府实行投降卖国政策，号召中国人民团结起来，共同抗日，救亡图存，收到较好的效果。

《北洋大学学生战斗在“一二·九”运动中》

纪泽：反内战运动

抗暴运动过后不久，全国又爆发了反饥饿、反内战的爱国学生运动。国民党政府发动全面内战，物价飞涨，失业众多，人民陷于水深火热之中，北洋大学广大师生酝酿着反内战的热潮。加以南开大学进步同学来北洋演出话剧《凯旋》，群情更加激动，5月18日北平学生宣传队被打，国民党政府又颁布了从5月20日起实行“维持社会秩序临时办法”，禁止请愿、罢课，更激起群众义愤。北洋大学学生自治会理事长洪惠如、程秉元召开了全体学生大会，成立“反内战行动委员会”，并决定和南开大学等校联合行动，于5月20日举行游行并去市府请愿。

北洋大学的游行队伍在凌晨5时出发。队伍以宣传为前导，另外组织纠察队。走到小王庄时，警察排成横列，阻止队伍通过。宣传队立即展开宣传。并对警察展开分化工作，如说“我们中国人不打中国人，不要给国民党卖命”等等。学生仍继续奋勇前进。就这样冲过了第一道防线。路过女师及河北工学院时，部分同学也冲出校门，会合到队伍中来。

队伍很快走到金刚桥，警察局用汽车、马车等堵住桥面，妄图拦阻队伍。洪惠如等一面向警察局交涉，同学们一面进行宣传，同时设法闯过障碍。什么力量也阻止不住愤怒的洪流。同学们从各种车辆顶上越过去，从车辆缝中穿过去。接着学校大旗也冲过去了！最后障碍彻底瓦解了，同学们及时地、胜利地越过了金刚桥，重整队伍，继续前进！各宣传队又深入群众开展宣传工作。

当队伍继续走到美琪影院（今人民剧场）时，早已准备好的数百名流氓打手，匆匆忙忙地赶上队伍。为了避免发生冲突，游行队伍靠向一侧，继续前进。这时，突然一声号令，特务们冲向学生队伍，手持棍棒皮带，动手行凶。同学们赤手空拳，骂不还口，打不还手，向他们展开说理斗争，当时许多同学被打伤，队伍也被冲散了。这时，国民党当局又借口学生发生冲突，开来早有准备的警车捕人，洪惠如等十七人被捕。许多人暂时到商店、住户里躲起来。把游行队伍冲散以后，打手流氓呼喝而去。但群众的力量是巨大的，同学们自觉地互相串联，化整为零，纷纷绕小道或乘汽车奔向市政府，把市政府团团围住。这时学生自治会开车送来午饭，更加鼓舞了士气。许多人冲进了杜建时办公室，王秉铎同学发现在杜的办公桌上，在电话底下压了个纸条，上写“学生出发，金刚桥没堵住”

等字样，同学们听说后，非常激愤。陈光炯同学站在市长办公桌上讲演。这时，杜建时派来一个秘书长出面接待，大家要杜出来。杜出来后，陈国雄同学向杜提出抗议和条件。这时被捕的洪惠如、程秉元等同学也赶来市府，以洪为主要代表，同杜展开有力的谈判斗争。杜想推卸责任，同学们拿出在他办公桌上发现的纸条。他理屈词穷地被迫答应了学生们提出的全部条件，斗争获得了全胜。当晚大家高唱“团结就是力量”，乘杜建时派的卡车返校。

通过反内战运动，广大同学提高了思想觉悟，涌现出一大批先进积极分子。共产党地下组织扩大了。1947年秋，正式成立地下党支部，并建立了民主青年联盟，进步同学纷纷参加，成为一支坚强的骨干力量，最后发展到百人左右。在此基础上改选了学生自治会，学生运动的领导权一直掌握在进步同学手里，各种进步社团如壁报社、歌咏团也都活跃起来。

《记北洋大学的学生运动》

纪泽：保卫华北学联

1948年3月，北洋大学和南开大学五百多名同学到北平进行平津学生联欢，交流学运经验，并在北大红楼成立华北学联。正在开会时，国民党派军警包围了红楼广场，包围持续了好几个钟头，形势非常严重。不久国民党反动当局声称取缔华北学联。为了反击国民党反动派的迫害，北洋大学学生自治会借邀请天津大、中学校学生到北洋观看桃花为名，集会保卫华北学联。会上，除演出一些进步内容的节目外，并升起了“民主旗”（旗子是绿底白字，上有“民主”二字）。通过了保卫华北学联决议。这次集会对国民党反动派对华北学联的迫害，给予了有力的回击。

《记北洋大学的学生运动》

纪泽：反逮捕斗争

1948年8月，国民党南京政府面对人民解放军在全国各个战场上取得的节节胜利，为了垂死挣扎，命令各地军警宪采取联合行动，对进步力量进行一次大“围剿”。国民党天津军警宪于8月20日夜间两点，将北洋大学围住，一部分军警进入校内，按照特务报告的黑名单到各宿舍捕人。当时学校电灯总闸照例每夜都被拉开，所以逮捕无法进行。电工师傅拖延了一段时间才合上电闸。此时正是暑假，宿舍中部分同学回家了，留校的进步同学提前有了一些应变准备，大多没有在自己的床位住，因此为他们的逮捕带来了麻烦，一直到快天亮了，才逮了七个人，陆续送到校门口警车上。车停在北运河桥口上。这时同学们起床后就集合在学校南北大楼之间的广场上，与军警展开面对面的说理斗争，使逮捕无法进行，后来同学们发现有同学被抓进囚车，沈慧民、步丰荫带头直奔警车跑去，未等司机把汽车发动，左风仪拦住车头，赵珂经把车打开，奋力将七个被捕同学抢回校内，迅速混在同学中间。国民党军警便将学校团团围住，要学校将人交出来，双方从天亮僵持到上午11点。警察局长李汉元来到学校，同学们包围了李，要他把校内的军警撤出校外。当届学生自治会理事长雷程远凌晨就找到校长，请他与当局进行交涉。张含英校长、张国藩教授亲自与反动当局交涉，同时自治会召开同学大会，成立人权保障委员会，组织了纠察队，僵持一整天，最后反动派答应解除包围，被逮捕的同学由校方负责，随传随到。张含英校长毅然出面担保，同学们暂时同意这个条件，警察局当日晚8时许解除了包围。那些黑名单上有名和有被捕可能的一部分进步同学很快就转到解放区去了。

反逮捕的斗争胜利了，保存下革命力量，向解放区输送了几十名干部。通过这次激动人心的英勇斗争，使在校同学们进一步认识到国民党反动派当局的反动面目，斗争中又涌现出一批新的进步的骨干力量，地下党和民青组织迅速进行整顿并恢复活动。在白色恐怖下，组织有了发展，进步社团也更加活跃了，新选出的自治会理事会全都是为同学们拥护的进步同学，地下党组织在不断地积蓄力量，准备迎接新的斗争。

《记北洋大学的学生运动》

纪泽：反对南迁

1948年冬，解放军进逼天津，11月南京政府教育部令北洋大学南迁，并汇来南迁经费。学生中的国民党、三青团分子在大饭厅开会，发动签名。虽然签名人数并未过半，也勉强算是通过。后来学生自治会为了迎接解放，反对南迁，由许志炎等同学绘制了一个大的解放战争形势分析图，标志被解放城镇的红旗越插越多，展示出全国胜利在望的局面；同时按级逐班，一个同学一个同学地做工作，在深入细致的工作基础上，学生自治会又召集会议发动全体同学签名。那天会上，三青团分子仍站出来鼓吹南迁，说什么焦作那里已盖好一批新房子，政府已负责安排妥当，学生会可以派代表去视察等等。进步同学纷纷上台讲话，东北同学史大干激昂地讲述了东北同学流亡关内后，国民党不负责任的亲身经历，坚决反对南迁。他的话打动了全体同学，经过激烈的斗争，最后通过决议：北洋大学不向南方迁校。反南迁的斗争又胜利了！

《记北洋大学的学生运动》

▷ 北洋大学校旗

纪泽：开展护校运动

1948年底，解放军已将天津包围，北洋大学学生会在地下党的领导下，开展保护校产、迎接解放的工作。北洋在市区边缘，国民党警备司令陈长捷准备负隅顽抗，死守天津，便将北洋校外的树木砍光，房屋拆毁，并准备以学校为前沿阵地。开始时，同学们组成纠察队日夜把守，阻拦国民党军队入校，学生自治会发动大家开展护校活动，把全校图书、杂志、仪器、设备等财产进行转移，加以保护，后来便有组织地撤到市区，转移到河北女师，并组成应变委员会，负责转移保管学校的教学仪器设备及安排师生员工的生活。为了解决这近千人的吃饭问题，应变委员会决定扣留南迁费，改作应变费。这时学校的一些主要负责人都不在校，应变委员会组织同学找到了副训导长张务滋，他和财务人员互相推诿，不肯给钱。后来同学们将张务滋和出纳主任王培杰同时找在一起，他们才答应签字付款。应变委员会利用这笔钱买了几万斤小站稻米、黄豆和咸菜，近千名教职工、学生和家属的生活，得到妥善的安置。

在女师住着的时候，学生会组织同学学习革命理论及人民解放军的城市政策、约法八章等，还出版油印刊物《北洋生活》，也开展了一些文娱活动。通过学习活动，广大群众加深了对中国共产党的了解，思想觉悟获得不同程度的提高。大家在女师住了一个多月，终于迎来了天津解放。

《记北洋大学的学生运动》

附录

名校友传略

丁家立传略

（1857—1930）

丁家立博士（Dr.Tenney Charles Daniel）于1857年6月29日生于美国麻省波士顿城。就读于新罕布什尔省汉诺沃城之达特茅斯学院。于1878年获学士学位，1879年得硕士学位，1900年接受该校之名誉法学博士。

1886年初至天津受聘于总督李鸿章，为其子之私人教师。并于1886年至1895年间创办天津新学书院并任该校校长。

1895年中国政府聘任丁家立博士为北洋大学第一任总教习（即教务长），历11年之久。

1900年庚子义和团之变致华北教育暂时中辍，天津为外国军队占领，成立联军临时政府。丁家立博士于1900—1902年间暂任该联军政府之中文秘书。

1902年赴柏林向德国政府交涉北洋大学原校址被并入天津德国租借地之赔偿问题。交涉成功获得赔款，遂使北洋大学能于天津北郊西沽另建立新校舍。庚子之变以后，其复校之功实皆丁家立博士热心奔走交涉之力也。

1906年辞去北洋大学教务长职，被任为中国留美学生监督，任职迄至1908年。总部设于美国麻省剑桥城。

丁博士率领北洋第一班学生约30余人留美深造。学生中如曾任北洋大学校长之赵天麟博士，曾任卫生部长并为医界领袖之刘瑞恒，曾于张作霖北京军政府时任财政部长之钟世铭，曾任盐务稽查所总办之钱方试，曾任交通部路政司长之刘景山等。其余诸生曾在工程、交通及财政各界获有声望者甚多，不及一一详述。迄今日止该班仅余之数位同学对丁博士之严训仍念念不忘。

丁博士于1908年辞去中国政府职务，唯又为美国政府任为北京美国使馆之中文秘书。1909年代表美国参加上海之联合国际鸦片委员会。

1912年孙中山先生成立革命政府并以南京为首都。丁博士被任为驻南京美国领事。

1919年升任美国使馆一等秘书兼参事。于1919年9月至1920年7月任驻北京美国代理公使。

1920年10月返回美国，1921年3月1日正式退休，卜居于美国加省陪罗阿路土城。

1923年再访中国，1924年在北京突染病，迄未康复，卒于1930年3月14日美国陪罗阿路土家中。享年73岁。

丁博士生前曾得有中国政府颁发之下列三种勋章：

1895年受中国三等一级双龙勋章。1903年受中国二等三级双龙勋章。1921年受中国二等嘉禾勋章。

丁博士著有三种英文教课书：1890年著丁家立氏英文课本。1892年著丁家立氏英文文法。1898年著亚洲地理。

选自《学府纪闻　国立北洋大学》

王宠惠传略

（1881–1958）

王先生宠惠，字亮畴，广东东莞人。民前三十一年（1881）清光绪七年生于香港，民国四十七年（1958）3月15日卒于台北，享寿78岁。祖父元琛以笃信基督，于清道光二十七年受洗为教徒，时大陆清朝反教风炽，迫得举家迁居香港。其父煜初以传教之故，寓香港好莱坞道之“道济会堂”，并任该堂牧师；其邻为“雅丽医院”，国父适习医期间，课余辄相过从，纵谈甚欢。时先生年甫七龄，陪侍左右，每获亲炙，故与国父早有深厚之渊源。

先生幼年入圣保罗学校习英文，并从业师周松石补习国文，旋升皇仁书院肄业，至四年级适甲午战后，盛宣怀创办北洋大学于天津，以美人丁家立为校长，赴港招生，先生应试获售，入该校法律系，民前十二年以最优成绩毕业。该校课程中英并重，故其优良学识，即奠基于此。

北洋大学毕业后，即应上海南洋公学之聘，任英文及地理教席。时已加入同盟会追随国父，从事革命工作。翌年东渡同本，继续研究法政，曾约集同志创办《国民报》，鼓吹民族革命，国父甚嘉许之，且特予资助焉。寻即赴美留学，得耶鲁大学法学博士、考取英国律师资格，并被选为德国柏林比较法学会会员。曾将德国民法译为英文，为英美各大学校院采作通行之教本。民前八年，当其就读加州大学及耶鲁大学时，适国父旅居纽约，屡奉召赴寓所商讨革命方略。是年国父发表之英文对外宣言即出其手笔。民初著有《宪法刍议》《宪法危言》《比较民法》等书，为学者所珍视。厥后对训政时期约法及现行宪法之制定，均多所贡献；现行民法、刑法之立法原则，亦皆采取其一贯之见解。曾两度出任海牙常设国际法庭法官，对于国际纠纷，辄引证事例，提出公平适切之意见，各国学者政治家莫不敬佩其精深宏博之学识。因之，向来对黄种人之过低估价，亦从而有所改变。民十二重游法国，该国最高法院特约其莅院演讲，以得瞻仰其言论风采为荣耀焉。

辛亥革命之前两周，先生由欧返国。及武昌革命成功，即被推为广东省代表，与各省代表集会于南京，选国父为临时大总统。先生奉派赍当选证书，迎国父于沪上。国父抵南京，筹组临时政府，即以外交部长一职相属，虽经力辞，并以伍廷芳当时为国民军外交代表，建议由彼转任，国父不听，并谓“革命外交非君莫属”。卒不获辞，遂勉任艰巨，时年仅三十耳。

民国元年，国父让总统位予袁世凯、各部总次长同时告退，国父特颁金质“中华民国开国纪念章”以留永念，获此章者仅临时政府高级官员十数人耳。

袁世凯就任大总统后，以唐绍仪为内阁总理，延先生为司法部总长，历时仅数月，与袁氏政见不合，遂随唐内阁总辞。辞职后受聘为上海中华书局英文编辑部主任。民四袁氏潜谋称帝，嗾使党羽组筹安会，会首梁士诒、以美记者安得逊（Roy Anderson）与先生素相友善，特遣其赴沪游说，谓“君主立宪合于中国国情，欲借大笔为文鼓吹，如承允诺则畀予政治高位或现金五十万,二者任君选择”，聆竟不加考虑，立予指斥，并谓“余之笔专为共和民主而写作，不为拥护帝制而受辱；且君曾为中华民国临时政府对外宣传共和，今反以此相劝，实出意外，君志虽变，余则不能同流合污！”其辞厉义正，态度光明，可以概见。

民七先生任职北京政府，论者以其已脱离革命阵营，当其闻此非议反腹笑之，盖其任职北京，实由国父之派遣也。故在任期中信使往还，联络不断。且于革命党人之掩护，革命事业之进行，犹不避艰险。民十北京政府派先生及施肇基、顾维钧为代表赴华府出席太平洋会议，在会议进行中，突然提出取消日本二十一条款之要求，日代表弊原深感失措，只以须向本国政府请示为词，暂行搪塞。其后日本卒不胜与会各国之外交压力，不得不宣布放弃其在东北之特权，此为弱国外交之初步胜利。民十一国父在沪策划讨伐陈炯明，先命许崇智率部攻闽，欲取以为革命基地，当福州危急之际，闽督李厚基迭电北京请兵请款，急如星火，时先生任北京政府内阁总理，乃运用职权，予以阻遏，卒使李厚基饷尽援绝，许部因之得以占领全闽，完成使命。就上述事项，足见其虽任职北京，而心存党国，可谓不负国父之所付托者矣。

民十七国民政府奠都南京，以先生为司法院院长，对于上海法权之收回，领事裁判权之废止，民刑法之修订以及法院之普设、司法人员之训练，均曾尽其最大之努力。对日抗战期间，历任外交部部长、国防最高委员会秘书长等职，虽在敌机疲劳轰炸之下，而工作迄不少休。在此时期，国府主席蒋公两度出国，民三十一访问印度，翌年出席开罗三巨头会议，均派先生随从，赞勷大计。民三十盟邦举行旧金山会议，先生为我国代表之一，对世界集体安全曾本其识验提供宝贵之意见，多所采纳。及三十六年行宪以后，复任司法院院长，并应选为第一届国民代表大会代表，益著新献。及三十八年中共统一大陆，先生方养疴香江，即力疾来台，共赴国难。洎后虽间感身体不适，然对司法院务仍力疾从公，并亲自主持大法官会议，使解释案件不稍延搁；对谢副院长相知有素，倚畀甚殷，学无巨细，悉循常轨，直至捐馆而后已。

先生秉性谦和，闲常言笑，恂恂有儒者之风。惟大义所在则必奋起力争，虽权贵亦所不避。平素律己甚严，而自奉则甚薄。喜恬静、恶应酬；居常手不释卷，法学以外涉猎群书，常识之丰富迥非常人所能及。而其丰功伟绩固足彪炳千秋而不朽矣。

原配杨氏早丧，继配朱学勤女士，天津女师高才生，善持家政。子大闳为原配所生，英国剑桥大学硕士，获剑桥建筑学会一等奖，美国哈佛大学建筑师，开业台北，有声于时。

选自《学府纪闻 国立北洋大学》

王正廷传略

（1882–1961）

王正廷先生字儒堂，浙江奉化人，父际唐为圣公会牧师，母施氏。民前十九年生于奉化，六岁居宁波入小学，十岁赴上海入中英学校习英文，越四年，考取北洋大学预科凡三载，升入北洋人学正科，值庚子义和团事变，北洋大学被德军占领，辍学返沪，民前十年进海关服务，于海关工作，有所不满，遂重返天津，随原在北洋大学任教之坎特教授（Percy H. Kent）研习法律，翌年赫德博士（Lavingtons Hart）在天津创设中英书院，任英文科主任，仍随坎特习法律，1904年，湖南高级中学在长沙成立，应聘为英文科主任，未几受中华基督教青年会总干事白乐门（Fletchr S. Brockman）之邀，赴日本东京为五千余留日学生筹设中华基督教青年会分会，遂往任事，会既组成，决定赴美继续深造，1907年秋入密歇根大学二年级，明年转入耶鲁大学，1910年毕业，以成绩优异获斐裴卡（Phi Beta Kappa）金钥奖，续在耶鲁大学研究院研究，1911年丁父忧，未及修毕硕士学位，奔丧回国，适值辛亥革命前夕，即追随国父从事革命，革命成功，为临时大总统府外交部议和参赞，民国元年（1911年）北京政府成立出任唐绍仪内阁农商部次长，其时总长陈其美留沪未到任，遂兼代部务，旋真除总长，岁杪唐内阁总辞，即返沪，继白乐门为中华基督教青年会总干事，1914年4月代表浙江省当选为参议院议员，并被推为参议院副议长（议长为张继）七月张继离京，遂代理议长，因政务从脞，辞卸青年会总干事，并举荐余日章继任其事，1914第一次大战爆发，经数度努力，终于1917国会通过加入协约国方面参战，1918年被派赴华府与美政府洽商派国军三师参战，未及定议，德国投降，1919年奉派中国代表团团员赴巴黎，因和约内有关德国在山东之权益，中国代表团拒绝签约，年终返国，在外交部颜总长惠庆领导下继续办理与华府之交涉，1912年奉派为鲁案善后督办与日本公使洽商归还德国在山东之权益，经一年之努力，终获协议，胶济铁路、山东矿权以及青岛邮政均返还中国。1913年青岛依约归还中国，正廷被任外交总长，未几，因取消治外法权之建议未被内阁接受而辞职。翌年再任外交总长，虽顺利达成关税自主，仍以内阁未接纳取消治外法权之议而辞职。1915年新阁成立，同意取消治外法权之主张，乃三度出任外交总长并兼财政总长，但不久内阁又改组，其时值军阀割据，被任命为陇海铁路总办，正廷鉴于全国公路短少，遂于上海创立全国道路协会，提倡兴建新型公路以补铁路之不足。1917年国民政府在南京成立，四膺外交部长，在任三年半，终与各国协议取消治外法权，日本为最后同意之一国，但其军人拒绝接受此种新情况，以致一再制造事变，终至导发八年之中日战争。1936年奉派驻美大使，1938年终辞职回国，留驻重庆，以迄胜利。其间曾兼任中国红十字会总会会长，交通银行董事、菲律宾交通银行董事长、太平洋保险公司董事长，于青年会事务仍时指导，居恒提倡体育，国人奉为坛坫，迭次代表中华民国出席世界体育会议，被推选为国际奥委会委员，1949年中共统一大陆前，先期至香港，以民国五十年（1961年）撄疾逝世，年七十有九。原配施夫人美丽于抗战时逝于重庆，嗣于1946年续娶周夫人淑英，子女多人均施夫人出，正廷自谓一生受上帝之祝福，亦曾竭尽全力服务社会以示感恩。其节概风骨，有古仁人之风焉。

选自《学府纪闻 国立北洋大学》

马寅初传略

（1882–1982）

1882年1月24日（清光绪八年旧历五月初九），马寅初先生出生在浙江嵊县浦口镇。父马棣生原在绍兴任营酿酒作坊，后迁浦口定居。开设“树记”酒店。母王氏操劳家务。大哥孟希，二哥仲夏，三哥书培，四哥季余，马寅初排行老五，字元善，其下有大妹锦霞，小妹锦文，全家共九口人。马棣生善于酿酒，母王氏贤惠精干，治家有方，故“树记”日益兴旺，方圆几十里内有了名气。

马寅初幼年在浦口私塾求学，私塾里整天背诵古书，他感到厌烦。幼时马寅初既聪明又贪玩，因此常遭父亲严厉责备甚至鞭挞。但母亲王氏总是耐心规劝，经常为他悉心整衣备食。慈母的亲切关怀温暖了幼小的心灵。马寅初从此发愤用功，勤度不怠。

19世纪末期当马寅初十五六岁时，维新思潮从通商大埠上海和省城杭州，影响到群山环抱的嵊县城镇，也触动了马寅初的心灵。父亲原来要他在作坊里当理财账房继承家业，但马寅初胸有抱负，求知心切，坚决不允。他父亲不得已委托上海“瑞纶丝厂”老友张江声，把马寅初带到上海念书，并拜张为干爹。这时十七岁的马寅初如鱼得水，带着简单的行装，离开了生他养他的故乡，开始了他的征程。

马寅初在上海求读期间，顽强刻苦，毅力惊人，考试屡次名列前茅。二十岁时，他以优异的成绩考入了天津北洋大学矿冶系。1906年毕业后即考取官费赴美国留学。在美国耶鲁大学初期，马寅初感到掌握好经济管理更能拯救中国，便弃矿冶而改习经济学。他在耶鲁大学取得硕士学位后，又考取哥伦比亚大学攻读博士学位，并于1914年写了《纽约市的财政》一书荣获经济学博士学位。该校邀请他留校任教兼作学术研究，保证给以优厚的待遇和生活条件。但马寅初报国心切，予以婉言谢绝。1915年他满怀着强国富民的理想，回到了阔别十年灾难深重的祖国，时年三十三岁。

马寅初回国后宣称，一不做官，二不发财。他拒绝了军阀政客的邀揽，致力于发展国民经济和教育事业。当时他执教北京大学，1919年春他被推选为北大第一任教务长。他利用教务之余，先后与郭秉文、刘大钧等人发起创办了东南大学商学院（后改为上海商科大学）和中国经济学社，并长期担任社长。1927年马寅初离开北大返回浙江。先后在杭州财务学校、上海交通大学、南京中央大学任教。他在浙期间，力行禁烟，并在上海公开抨击和揭露“万国储蓄会”买空卖空、敲诈勒索、搜刮民财的丑行，保护了民族的利益。

日本侵华战争爆发后的1938年，马寅初全家迁到重庆。蒋介石为了自身的需要，曾要他去美国担任要职。马寅初认为：国难当头，匹夫有责，怎能出国避难？他拒绝了蒋的任命，后来出任了重庆大学商学院院长。1939年，周恩来同志和王若飞同志在重庆会见了马寅初，真诚地叙谈了抗日战争的形势和中国人民应走的道路。周恩来同志这一席谈话，对马寅初影响极大。他回顾从1915年回国后的二十余年，反对军阀，反对官僚买办，反对“万国储蓄会”，为的是寻找救国救民的道路，但都未能实现。现在才认清了救国的必由之路。从此，他靠近了中国共产党，走向了革命。

1949年10月1日，马寅初在天安门城楼参加了开国大典。建国后，他先后担任了中央人民政府委员、中央财政委员会副主任、华东军政委员会副主席、浙江大学校长、北京大学校长，第一、二、五届全国人大常委会委员，政协第一、二、三、四、五全国委员会委员，第二、四、五届常务委员，中国科学院哲学社会科学学部委员、中国银行常务董事、中国人口学会名誉会长等职。他还著有《中国经济改造》《经济学概论》《我的经济理论哲学思想和政治立场》《寅初经济论文选集》等有名的经济理论典籍。

1957年，马寅初根据多年实地调查研究结果，提出控制人口的主张，并发表了《新人口论》《综合平衡理论和按比例发展规律》等重要文章。可惜他的正确主张当时不仅未被采纳，而且在康生、陈伯达等人的煽动和指挥下，对已年近八旬的马寅初掀起了围攻。面对气势汹汹的邪恶势力，马寅初胸怀坦荡，无所畏惧，他凛然回答"我虽年近八十，明知寡不敌众，自当单枪匹马，出来应战，直至战死为止，也不向专以力压服不以理说服的那种批判者们投降"。一身正气，令人感动。

粉碎"四人帮"后，1979年7月16日，中共中央统战部负责同志来到马寅初家，向他传达了党中央为他平反的决定，肯定了马寅初的功绩和正确的主张。马寅初高兴地回答说："二十多年前中国人口并不多，现在太多了，要尽快发展经济才行啊！"他还说："这样看来，我这个老头还有点用处呢！"

树高千丈，叶落归根。晚年的马寅初，乡情绵绵，经常怀念故乡的人地事物和山山水水。并多次向家人表示“我要回到嵊县去！”终因病魔缠身而未能如愿。1982年5月10日，马寅初先生终于离开了我们，与世长辞了，终年一百岁。为了实现他生前的遗愿，他的家人于1983年4月8日，专程来到嵊县，将他的部分骨灰护送到根源之地，安葬在祖坟旁边。

赵天麟传略

（1886—1938）

赵天麟，自称东平布衣，生于1886年，是天津市最早建立的官立中学堂首届毕业生；后考入北洋大学堂（今天津大学）法律系，并成为北洋大学堂首批派往美国的留学生；1909年毕业于美国哈佛大学法律科，获法律博士学位，并被授予哈佛大学金钥匙一枚。回国后任北洋大学法律兼理财学教员。1914年，他被任命为国立北洋大学校长。

赵天麟总结了北洋大学多年的办学经验，概括出了“实事求是”四个字，以之教导师生，作为“校训”镶刻在钟形红棕色铜牌校徽上，一直承袭至今。他以实事求是的精神对待科学技术知识，对昔日的北洋大学和今天天津大学的教学科研、教书育人起到积极的作用，产生了深远的影响。

赵天麟担任校长期间，坚持实事求是，脚踏实地创造和改善办学条件，进行了多方面的调整和建设。他调整校舍布局，建造比较完善的操场、球场、教员住宅、学生宿舍、凉亭、花园；注意不断充实图书馆藏书，使当时北洋大学图书馆内中西图书、中西刊物、法律书报刊物等藏书拥有量在全国名列前茅。他还组建了一批实验室，例如矿物实验室、岩石实验室及机械工厂，还有自然地质标本、矿物及岩石标本、经济地质标本等陈列室，设备之齐全，当时名列全国之首。他的出色的工作为北洋大学后来的发展奠定了良好的基础。

1920年，赵天麟辞去北洋大学校长职务，同年任开滦矿务局协理。由于他在教育界的声望，1934年赵天麟又被邀请出任天津耀华中学校长。他主持学校工作后，以“勤、朴、忠、诚”为校训，严格选择师资，在教育工作中要求德智体三育并重，受到全校师生的爱戴，取得斐然成绩。1936年，天津中等学校举行首届会考，耀华中学高中毕业生总成绩和个人成绩均列第一名。

1937年天津沦陷，日本侵略者建立起残暴的殖民统治。赵天麟对此怒火中烧，决心为抵抗日本的殖民统治而斗争到底。同年12月12日，他邀请租界区教育界50多位校长和教师召开秘密会议，他在会上做了慷慨激昂的爱国演说，号召不买日货，永不当亡国奴。并把耀华中学作为爱国斗争的一个据点。1937年校庆时悬挂中国国旗，率领大家高唱中国国歌，反对日本兵进入学校。1938年，赵天麟步行去学校途中，突被日本宪兵队暗杀团的两名特务枪杀，中弹牺牲，时年52岁。

刘瑞恒传略

（1890–1961）

天津人，字月如。1903年考入北洋大学预科，1906年升本科后，由北洋大学保送，留学美国哈佛大学，1915年获医学博士学位，专擅外科。回国后执教于上海哈佛医专，未几转任北京协和医学院教授、院长并兼协和医院院长。他是我国著名医学专家，中国创伤医学的奠基人，中国近代公共卫生事业的创建者，首批留学哈佛大学的学生之一。

1920–1921年曾赴美进修，专攻癌症外科，回国后任北京协和医院第一任华人院长和中华医学会会长。1924年通州某乡村发生新生儿频繁死亡时间，系缺医少药，对医学常识无知所致，深受触动之下，决定放弃其外科本行，转而从事公共卫生事业。他与协和公共卫生教授美国人兰安生（J. B. Grant）一道，在北京建立了第一个卫生事务所，创中国公共卫生事业的先河。刘瑞恒鼓励学生学成后为祖国效劳，不提倡私人开业。因此那时由协和医学院毕业而专心于医学研究或服务于公立医疗卫生机关者甚众。

1928年10月，国民政府于南京成立卫生部（后改为卫生署），开始了由政府领导的医疗和公共卫生事业。他历任卫生部（署）次长、部长、署长，兼禁烟委员会委员长，兴建中央医院兼任院长。与国际联盟合作，设立中共卫生设施实验处，一身兼任卫生行政、技术及医疗三个最高卫生机构的首长。1932年奉命成立军医总监部，任总监兼陆军军医学校校长。为培养人才，建议并成立了国立牙医专科学校、中央护士学校、中央助产学校、中央大学医学院及卫生教育系、中央卫生人员训练所等。1938年，抗日战争时期，他辞谢部、署职务，赴港从事医药器材的采备运输工作，支援抗日。1945年，抗战胜利后，回上海任联合国善后救济总署卫生委员会主委。1949年赴台，协助发展医学教育。1959年因病赴美就医，1961年病逝于纽约圣路加医院，享年71岁。

刘仙洲传略

（1890—1975）

刘仙洲，中科院院士，机械学家和机械工程教育家。中国机械史研究的开拓者。天津大学（原北洋大学）杰出校友。长期从事农业机械的研究工作，对发展适合我国国情的农业机械做出了贡献。在教育上，倡导“工读协作制”的教育思想，自编我国工科大学第一套教科书，首先进行了我国机械工程名词统一工作。

1955年选聘为中国科学院学部委员（院士）。

刘仙洲，原名鹤，又名振华，字仙舟。1890年1月27日生于河北省完县。1897年上私塾，1907年入保定崇实中学学习，1908年加入同盟会，决心走“科学救国”“教育救国”之路。1912年，毕业于保定崇实中学，以5年学习成绩总平均96.4分名列前茅。1913年考入北京大学预科；1914年考取公费，进入香港大学工学院机械系学习；1918年获得香港大学工程科学学士学位，毕业试卷经英国伦敦大学审查，评为“头等荣誉”（First Class Honours）。

香港大学毕业后，回到母校崇实中学，任留法勤工俭学高等工艺预备班的教员。刘少奇、李富春、李维汉都曾是他的学生。他教学严格认真，倡导“工读协作制”，主张学生在课堂学理论，在工厂求实践。

1924年，34岁的刘仙洲担任了中国近代第一所大学——北洋大学校长。这所大学从1895年创办起就由30多位外国教授讲课，薪金高昂。刘仙洲锐意革新，聘请茅以升、石志仁、侯德榜、何杰等中国著名学者任教，大大地节约了薪金开支。他本想将北洋大学创办成“东方麻省理工学院”，但当时国立大学均在北洋政府统辖之下，办学经费不足，难以实现他的愿望。1928年，他辞去北洋大学校长职务，受聘为东北大学教授兼工学院机械工学系主任。

东北大学是在沈阳高等师范学校的基础上于1923年建立的，经费充足，刘仙洲到校那年成立了工学院机械工学系。他主讲机械原理、热机学、经验计划等课程，取得很好的教学效果，还对该系的创建做出很大贡献。

1931年“九一八”事变，日本帝国主义侵占我国东北三省，刘仙洲不愿做亡国奴，受聘为唐山交通大学（今西南交通大学）教授。1932年底，受聘为清华大学教授，参加筹建工学院和机械工程系。

他对课程设置、教学方法及实习工厂和热工试验室的建设等方面提出了许多倡议，深受广大师生的赞誉。

“七七”事变后，刘仙洲随校南迁昆明，在清华大学、北京大学、南开大学三校合办的西南联合大学任教，直至1945年抗日战争胜利。他除了出色地完成教学任务外，还编写教科书、机械名词以及中国机械发明史等工作。

1947年，刘仙洲访美回国路过南京时，国民政府教育部长朱家骅拟设宴邀请，请他再次出任北洋大学校长。他拒不赴宴，连夜离开南京，北上北平，回清华大学任教。之后，教育部虽公开宣布这一任命，并一再致电敦促刘仙洲赴任，他都置之不理。中华人民共和国成立后，刘仙洲继续在清华大学任教，并先后担任副校长、第一副校长。从学制长短、专业设置、教学作风、科学研究、学生工作直到校园管理，事无巨细，他都一一过问，把自己丰富的教学经验贡献给学校的建设。1955年，刘仙洲以65岁高龄加入了中国共产党。还以极大的热情参加了人民政权的建设和科技规划工作，先后担任华北农业建设委员会委员，河北省人民政协副主席，河北省人民政府委员，全国人民代表大会第一、二、三、四届人民代表，国务院科学规划委员会机械组副组长，国家科学技术委员会技术科学学科组副组长，中国科学院技术科学部常务委员兼机械组组长等职。他还和我国其他工程界的老前辈共同发起成立学会，担任中国机械工程学会第一届理事长和第二、三届副理事长，中国农业机械学会第一届理事长。由于刘仙洲对新中国的教育和科学事业做出了重要贡献，毛泽东曾特邀他参加最高国务会议。

刘仙洲为祖国出版编写了《普通物理》《画法几何》《经验计划》

《机械学》《机械原理》《热机学》《热工学》等15本中文教材，内容充实、条理清晰、深入浅出，深受师生的欢迎并长期广泛使用于各大学工科院校，哺育了我国几代工程人才。

1932年刘仙洲接受中国机械工程师学会的委托，编订《英汉对照机械工程名词》。中华人民共和国成立后，在此基础上中国科学院编订了《英汉机械工程词汇》。

刘仙洲长期从事农业机械的研究、推广和农机发明史等工作。

1956年，他主持制定我国农业机械化电气化的长远规划，培养人才，为我国农业科技事业发展奠定了基础。刘仙洲还对中国机械发明史的研究进行了开拓工作。1961年他向中国机械工程学会成立十周年年会提交专著《中国机械工程发明史》第一编。系统地总结了我国古代在简单机械的各种原动及传动机械方面的发明创造，有些项目早于其他国家几百年，甚至一两千年，为人类科学技术史增添了新篇章。

1975年病逝于北京，享年95岁。

孙越崎传略

（1893—1995）

孙越崎，原名毓麒，1893年10月16日出生于浙江绍兴。宣统元年考入山会初级师范简易科，毕业后义务教书一年。民国二年

（1913），入上海复旦公学，1916年，上海复旦公学毕业后，考入天津北洋大学矿冶科。

从青年时代起，孙越崎就投身反帝、反封建的爱国民主运动。五四运动期间，他作为北洋大学学生会会长，满怀爱国激情，积极参与发动组织天津学生罢课游行，和马骏等五人作为学生代表，与直隶省长曹锐进行了面对面的斗争，因此被校方开除。后转入北京大学矿冶系，1921年毕业。

1914年应聘创办北满穆棱煤矿。

1919年至1932年，在美国斯坦福大学和哥伦比亚大学研究生院深造，并到英、法、德、苏联等国考察油矿、煤矿。回国后，任国防设计委员会专员兼矿室主任。

1934年，任陕北油矿探勘处处长，带领工程技术人员在陕北延长、延川一带勘探石油，打出中国第一口油井。11月，与翁文灏去焦作整理中福煤矿，任总工程师。

1937年，“七七事变”后，力排中外董事众议，冒生命危险组织中福煤矿员工将大部分设备拆除抢运至四川，与民生公司、资源委员会、盐务总局、四川银行界分别合办天府、嘉阳、威远、石燕四个煤矿，兼任四矿总经理，对抗战后方工业和民用煤炭供应，贡献很大。

1941年，兼任甘肃油矿局总经理，在高寒戈壁，与工人和技术人员一起，建成我国第一座石油基地——玉门油矿，其产量几乎是后方产油之全部，被誉为“煤、油大王”，是我国现代能源工业创办人和奠基人之一。

1942年8月在中国工程师学会第十一届年会上，被授予金质奖章。抗日战争胜利后，由经济部派往沈阳为东北区特派员，接收东北重工业，同时兼任河北平津敌伪产业处理局局长。1946年任国民党政府资源委员会副委员长，后任委员长。面对蒋介石坚持内战、独裁和国民党贪污腐败，以民族大义为重，毅然站到共产党、人民革命一边。

1948年10月，以资源委员会委员长身份，于南京召开重要工矿企业和部门负责人秘密会议，确定“坚守岗位，保护财产，迎接解放，办理移交”之方针。在中共地下党帮助下，冒着生命危险，组织员工开展护厂、护矿斗争，拒绝执行蒋介石关于拆迁资源委员会所属工厂设备去台湾之命令，将所属近千个大、中型厂矿企业及三万科技、管理人员完整地移交给共产党。

1949年5月，其爱国行动被国民党察觉，即辞去在国民党政府中所任职务去香港，公开与国民党决裂。到香港后，发动资源委员会驻港国外贸易事务所员工开展斗争，组织“保护矿产品委员会”，并于1949年11月14日通电全国宣告起义，保护大量稀有矿产，得到毛泽东主席复电嘉勉。

1949年11月携眷回到北京，任中央财政经济委员会计划局副局长，后任开滦煤矿总管理处副主任、河北省人大常委会副主任、河北省政协副主席、煤炭工业部顾问等职。是第二、三、四届全国政协委员，第五、六、七届全国政协常委。

1950年加入中国国民党革命委员会，历任民革河北省主委、中央常委、中央副主席、中央监察委员会主席、中央名誉主席。还应聘担任欧美同学会名誉会长、中国辛亥革命研究会名誉理事长等多种社会职务。

中共十一届三中全会以后，已届耄耋高龄，仍壮心不已，奔走于大江南北、长城内外，深入开展调查研究，积极为经济建设和改革开放献计出力，提出许多真知灼见，为国家和人民奋斗到最后一息。其忠贞不渝之爱国思想、脚踏实地之敬业精神、清廉朴素之生活作风，堪称典范。

1995年12月9日，病逝北京，终年103岁。

孙越崎拥护党的基本路线，拥护改革开放的方针政策，认真学习邓小平建设有中国特色的社会主义理论。他积极参政议政，常以自己的高深之见，提出宝贵建议。“文革”后，他为维护党的威信与政策落实，为原资源委员会人员平反昭雪多方呼吁，这些都受到党和国家的重视。他为发展和巩固党领导的爱国统一战线做出了积极贡献。

他高度关心祖国统一大业，在与台湾上层和海外各界人士的广泛联系中，他热情宣传实行“一国两制”、促进祖国和平统一的方针，为增进共识、扩大交往做了许多卓有成效的工作。在病危时，他仍念念不忘实现祖国的统一和民族的振兴。

他胸怀坦荡，虽历经坎坷，但顾全大局，高风亮节；他一身正气，两袖清风。在晚年多次嘱咐家属：他身后丧事从简；遗体供病理解剖，捐献能用器官；遗体作为肥料。充分显示了他无私的高尚思想境界。

孙越崎的一生，是爱国的一生，是为国家和人民不懈奋斗的一生，是追求真理、不断进步的一生。他忠贞不渝的爱国思想、脚踏实地的敬业精神、清廉朴素的生活作风，堪称典范，将与世长存。

刘锡瑛传略

（1894—1966）

潘承孝　杜必涛

刘锡瑛，字毓华，1894年生于直隶滦州（今河北省滦县）王辇庄。到1917年，他考入北洋大学时，他学习非常勤奋，加之天资聪颖，学习成绩一直名列前茅。由于他的家境每况愈下，为了减轻家庭经济负担，他大学未毕业，便决定参加官费留学考试。

1920年夏秋之交，毓华赴美，先是入麻省理工学院电机系学习，两年后又考入哈佛大学研究生院，于1924年获电机硕士学位。

在美留学期间，由于国内政局不稳，战争频仍，北洋政府拖欠应支付留学生的生活费，有时一连数月分文不发，事后又不追补。他便租最便宜的房子，吃最廉价的饭菜，有时一连数月以马铃薯和面包充饥，吃蔬菜的时候很少，但他很坚强，也很勤奋，也不叫苦，即使寒暑假白天打工累得筋疲力尽，晚上也要坚持学习到深夜，因此学业一直优秀。

1925年春，毓华归国来到天津。毓华于1926年夏经朋友郑世奎教授介绍，赴奉天（今沈阳），应私立冯庸大学之聘，担任电机学系教授。

1927年8月，潘承孝来到冯庸大学，任机械系教授，与刘锡瑛同居一室，潘教授也是留美的，两人朝夕相处，友谊日渐笃厚。

毓华以他渊博的学识、严谨的治学态度，很快便受到学生们的欢迎和同行的认可。正当他才华初露、欲展宏图的时候，日本帝国主义发动了“九·一八”事变。不甘心当亡国奴，毓华也随流亡人群进关，回到天津。1932年春受聘于母校——北洋工学院，任电机学系教授。

1937年7月9日，天津沦陷，北洋工学院奉国民政府教育部之令迁西安。

西北工学院是由北洋工学院、北平大学工学院、东北大学工学院和私立河南焦作工学院组成，1938年10月在古路坝正式开学。西北工学院筹备组由北洋大学的李书田、北平大学工学院的张贻惠、东北大学工学院的王茂春、焦作工学院的张清琏和教育部代表吴庶华等组成，李书田任筹备主任。毓华任西北工学院电机系主任兼研究所所长，那时不设专职系主任，系主任均由教授兼任。教授必须以教书为主，课余时间处理行政事务。毓华白天教课，还要处理系务所务，晚上还要借着油灯或土蜡的微弱灯光批改作业、备课。

1945年抗战胜利后，沦陷时期内迁的高等院校纷纷筹备复员。毓华遂于1946年暑假后回到已经复校的北洋大学任教授兼教务长。

1948年末，教育部意见“北洋”南迁。毓华站在广大“北洋”师生一边，坚决反对南迁，并以北洋大学教务长的身份和师生们一起保护着学校，准备迎接解放的曙光。

1949年1月15日，毓华成为北洋实际上的负责人。天津市军事管制委员会文教部主任黄松龄邀见毓华，希望他能出任北洋大学校务委员会主席，主持“北洋”全面工作。任命毓华为校务委员会主席，毓华成为人民的北洋大学第一任主要负责人。

1951年4月18日，中央人民政府教育部在北京召集国立北洋大学和河北工学院的校（院）长、教务长、秘书长及学生会、工会的代表开会，商讨两校合并的问题，作为全国高校院系调整的试点。6月2日，由中央人民政府教育部部长马叙伦签发的《高三字第533号》文件，批准合并后的校名为“天津大学”，校务委员会主任是刘锡瑛、副主任是赵今声、潘承孝。天津大学是由原北洋大学和河北工学院合并而成，时间是1951年8月6日。

1952年院系调整后，天津大学的校长由天津市长吴德兼任，第一副校长张国藩，毓华任第二副校长，主管教学与教师工作。他在工作中不仅顾大局、识大体，而且公正无私，仗义执言。他个人修养非常好，素以“四不”自律，不闲聊天、不发牢骚、不夸己长、不论人短，他从不发牢骚。就是“文革”期间，家遭横扫，人被触及“灵魂”兼及皮肉，直到郁闷而故，家里人也没有听他发过一句牢骚。

1966年9月19日，毓华去了，永远地去了！虽说已年逾古稀，但对于一位终生献身祖国教育事业的高级知识分子来说，还是太早了。他那忠于祖国教育事业的赤子之心，还有那堪为人师的高尚品德永远地留给了后人。

茅以升传略

（1896–1989）

茅以升，字唐臣。1896年1月9日出生于江苏省丹徒县（今镇江市）。先世经商，祖父茅谦为举人，思想进步，倾向革命，曾创办《洋官报》，是镇江市的名士。茅以升出生不久，全家迁居南京。6岁读私塾，7岁就读于在南京创办的国内第一所新型小学——思益学堂，1905年入江南商业学堂，1911年考入唐山路矿学堂。1912年孙中山先生在唐山路矿学堂讲演时，指出开矿山、修铁路的重要性，坚定了茅以升走“科学救国”“工程建国”的道路，他从此更加奋发读书，把建设祖国视为己任。每次考试，成绩都是全班第一，5年各科总平均92.5分，为该学堂历史上所罕见。1916年茅以升通过了美国康奈尔大学研究生入学考试，其成绩之优秀，使该校教授们大为惊讶和赞叹。一年后的毕业典礼上校长当场宣布：今后凡是唐山工业专门学校（原唐山路矿学常）的研究生一律免试注册，茅以升为母校在国外争得极大声誉。1917年，获硕士学位。经导师贾柯贝（H.S. Jacoby）介绍，在匹兹堡桥梁公司实习，同时又利用业余时间到卡利基理工学院夜校攻读工学博士学位。1919年成为该校首名工学博士。1921博士论文《桥梁桁架次应力》的创见被称为“茅式定律”，并荣获康奈尔大学优秀研究生“斐蒂士”金质研究奖章。同年回国。任唐山工专教授等职。1947年任中国工程师学会会长，1948年被选为中央研究院院士。1949年以后，历任交通大学教授、东南大学工科主任、河海工科大学校长、北洋大学校长、杭州钱塘江桥工程处处长、交通大学贵州分校校长、国民政府交通部桥梁设计工程处处长等职。1953年起为中国土木工程学会理事长。1955年当选为中国科学院技术科学部委员。全国政协委员、副主席，全国人大常委会委员，九三学社中央副主席、名誉主席。1982年当选为美国国家科学院外籍院士，茅以升是我国成就非凡的桥梁专家，曾组织建造了我国第一座现代化大桥钱塘江大桥，参与武汉长汀大桥的设计和建造工作。著有《钱塘江大桥》《武汉长江大桥》《茅以升文集》《力学概念》《科学体系》《教育制度》等。主编《中国古桥技术史》《中国科学家传略辞典》《中国科学家辞典》等。发表论文200余篇。

在天津（原北洋）大学校园敬业亭上有一块匾额，上书校训“实事求是”，这是1983年87岁高龄的茅以升为天津大学题写的，字里行间不但寓示着这座巍巍学府严谨治学的优良传统，也是一代导师对莘莘学子的殷切希望。

至今为天津大学师生珍爱的《北洋今胜昔二十韵》题诗，是老校长茅以升亲笔写下的，这是他在该校一段长校、执教的历史写照。诗中写到“新学既东渐，北洋卓有声。延我即讲席，朝夕对群英……”。在茅以升回国后的几年间，他一直担任着几所工科大学的教授和校长，1926年，他应当时的北洋大学校长刘仙洲之邀来校任教，1927年夏任教授，主讲桥梁力学、结构工程等课程，每周二十几个小时，尤为与众不同的是他常通过考先生来考学生，每次上课前十分钟先指定一名学生，让他就前次课程提出疑问，从他提问的深浅即知对课程的领会程度；如果问题提得令茅以升当堂也不能解答，则他的成绩簿上会被茅以升记上个满分6，这种启发式教学，使他的课程很少有人缺席。20世纪20年代末，茅以升受聘任北洋工学院院长之职，当时他才32岁。

长校后的茅以升又把精力投入到学校的管理上，1929年3月31日，北洋大学钟楼失火，将教学大楼焚毁，原有的水力实验室、图书室、矿石陈列室、图画讲室都被付之一炬。大火后茅以升筹募工款、恢复校舍、重建大楼，并亲往南京教育部接洽筹资。为了谋求“中比庚款”，他分赴上海、南京两地造访董事，一段时间内几乎每晚都在火车上过夜，终于赢得董事会通过，从“中比庚款”中拨出十万元资助北洋重建校舍。1933年，茅以升因主持钱塘江大桥的建造，辞去北洋工学院教席。

抗战胜利后，北洋大学经战火的洗礼开始复校，教育部再次任命茅以升为北洋大学校长。他应聘后，为复校做了大量工作，终因肩负着修复钱塘江大桥的重任，难以抽身来校主事，而辞去校长之职。

茅以升在北洋工学院、北洋大学的两度辞职，都是为了钱塘江大桥，前者是为了建造大桥，后者为了修复大桥。钱塘江大桥与茅以升的名字是分不开的。1933年辞去北洋工学院院长的茅以升来到杭州去圆他的建桥梦，也是圆中国近代的建桥梦。这座桥是中国人自行设计自行施工建造铁路桥的里程碑。身为桥梁专家的他把这一天盼了几十年，但他也同样清楚，钱塘江是条险江，要在这样的险江上建造一架牢固的桥梁谈何容易。茅以升曾向友人说：钱塘江大桥不仅规模大，而且在技术上有两个很大的难题：江底有流沙40米厚，再加以难以征服的钱塘江怒湖，这是外国人在中国所建的所有大桥都没有遇到过的困难，为了解决这两个难题真不知付出了多少心血！当时有关方面曾请美国桥梁专家和担当建桥工程处处长的茅以升各自设计方案，两相比较茅以升的方案被采纳了。经过实验，他创造性地采用了“射水法”克服了在厚硬的流沙上难以打桩的困难；采用“流箱法”，克服了水流湍急难以施工的困难；采用“浮遥法”利用江潮的涨落巧妙地在桥墩上架设了钏梁。两年半的施工，大桥终于在1937年9月份建成通车了。同年11月大桥公路也开放通车。但人们并没想到，就在大桥公路开放的那天前夜，炸桥的炸药已经埋进去了，开桥的第一天，所有过桥的十多万人都是从炸药上走过的。原来当时的战火已蔓延到浙江，为了不把桥留给敌人使用，茅以升毅然决定于当年12月23日炸桥，而且他已在14号桥墩墩身中预留了埋设炸药的暗洞。作为建桥人要使自己的三年多心血毁于一旦，他是这样形容自己当时的心情的：“这就好比必须亲手掐死自己的孩子一般”。炸桥后，茅以升写下三首古诗一抒悲愤之情。日寇在杭八年，大桥终未能恢复。1946年茅以升在经费紧张的条件下，初步修复大桥。新中国成立以后再度修复，使大桥安全运行至今。

1958年为了庆祝建国十周年，国家决定在首都北京兴建人民大会堂，从建筑美术及结构设计考虑，1959年2月北京市邀请37位国内知名建筑专家、18位结构专家来京审查。茅以升为结构组组长，当时大会堂的结构工程已开工，经专家试验，发现原来宴会厅、会堂吊台等处的结构设计上仍有不足，结构组在茅以升主持下马上对所有构件都进行了复查，提出了修改意见。周恩来总理亲自审阅了这份报告并一再询问大会堂的安全程度，最后指示“要茅以升组长签名保证”。茅以升理解总理的心情，他对报告书又一次做了精确的核算最后签名送呈。由于这一工程责任重大，直到国庆十周年活动过后，大会堂安然无恙，茅以升才如释重负。鲜为人知的是“人民大会堂”的命名，就是根据茅以升的建议决定的。这是他在主持人民大会堂结构审定之余的又一份贡献。

张太雷传略

（1898—1927）

张太雷同志1898年生，江苏武进（今属常州市）人，1916年至1920年在北洋大学法科学习。在校时名张曾让，又名泰米、椿年。

张太雷同志在学生时代就进行民主革命活动，1919年2月在天津组织“社会建设会”，同年参加了伟大的五四运动。1920年参加李大钊同志在北京建立的共产主义小组，是中国共产党最早的党员之一。

张太雷同志接受马列主义之后，从事工人运动和青年运动。在天津创办《劳报》（后改名《来报》）日刊，和邓中夏同志到长辛店筹备“劳动补习学校”。

在天津、上海与其他同志筹建社会主义青年团，被选为天津市团的书记。负责起草中国第一部社会主义青年团章程。

1921年1月，张太雷同志去苏俄任共产国际东方局中国科书记。

6月，出席共产国际第三次代表大会。

1922年，张太雷归国后，5月在广州主持召开中国社会主义青年团第一次代表大会，当选为团中央的执行委员会委员。1925年参加团中央第三次代表大会，会上决定改称“中国共产主义青年团”。张太雷同志当选为团中央局总书记。

1922年7月，张太雷同志列席党的第二次代表大会，1923年、1925年、1927年参加了党的第三、第四、第五次代表大会。在第四次党代表大会上当选为中央候补执委，第五次党代表大会上当选为中央委员，八七会议上当选为中央临时政治局候补委员。

张太雷同志历任中共广东区委委员、宣传部长、中共湖北省委书记，中共广东省委书记，中共中央南方局军委委员。

1927年12月11日，张太雷同志领导了广州起义。他担任革命军事委员会书记和起义总指挥，任广州苏维埃政府（广州公社）代理主席兼人民海陆军委员。12日在指挥战斗途中不幸牺牲。他的名字和我党的光辉历史密切联系，他，是北洋大学的骄傲和光荣，他的英名永垂不朽。

见天津大学《太雷烈士碑文》（1985）

陈立夫传略

（1900—2001）

陈立夫，浙江省吴兴县（今湖州市）人，名祖燕，号立夫，行五。1917年考入北洋大学预科，1919年转入本科采矿系，1923年毕业留美，1925年获匹斯堡大学采矿系硕士学位，同年9月返国。因其叔陈其美（英士）为蒋介石结义长兄，故被邀任蒋介石机要秘书，未从事采矿专业。陈立夫是20世纪中国国民党的重要人物之一，大半生纵横政海，历任国民党中央党部秘书长，中组部调查科主任、中央组织部长、教育部长、立法院副院长等要职。1949年随国民政府迁台，1951年移居美国，以养鸡为生，并潜心研究中华文化。1969年回台定居，历任总统府资政、中央评议会主席团主席、中华文化复兴运动推行委员会副会长、中国医药学院董事长、孔孟学会理事长等职。1969年对海峡两岸统一极为关切。1986年任“海峡两岸和平统一促进会”名誉会长，竭力推动海峡两岸交流。在他去世前半年的2000年6月16日，他在中国国民党第15届中央评议会第四次会议上，与梁肃戌等联名向大会提出国共第三次合作，联合起来共同打击“台独”的提案。

陈立夫在抗日战争时期任教育部长，对中国的高等教育做出了卓越的贡献。他为来自沦陷区无经济来源的流亡学生，建立了贷金制度，使他们顺利的上完中学和大学，为中国培养出大批优秀的高级人才，包括李政道、杨振宁等后来成为著名学者的学生，都得益于这项制度。对此他颇感自豪。在他回忆录中自我评价道“我献身党国数十年，于党政工作，多所参与，成败得失，有待公论。唯战时这一段教育行政工作，虽未必能达到理想，总算对于国家，竭尽绵薄。我总觉得百年树人的教育文化工作，乃是最有积极意义的工作，而教育文化事业的兴办，乃是最有收获的‘长途的投资’”。

2000年10月，陈立夫因肺炎住院，并发心肌梗死，2001年2月8日，病逝于台中市“中国医药学院”附属医院，享年101岁。

张含英传略

（1900–2002）

张含英，字华甫，1900年5月10日出生于山东省菏泽县。其父张建基思想比较开明，家境虽然并不富裕，但很重视对子女的培养。因此，张含英从小就被送入学校受正规教育。张含英青少年时期，正值清末民初，政治腐败，国势衰微。中华民族亡国灭种的威胁强烈震撼着他的心。所以他很早就萌发了救国救民之志，并抱定决心要走“科学救国”之路。

1918年，他考入北洋大学土木工程系。次年，由于参加“五四”运动而被开除，转入北京大学物理系。1921年，考取山东省官费留学备取生，于当年夏天赴美国入伊利诺大学土木系，半工半读，3年结业，获荣誉结业证和土木工程学士学位。接着又到康奈尔大学研究院学习一年，获土木工程硕士学位。1925年学成回国。

1925—1933年，张含英先后在菏泽中学、青岛大学、山东省建设厅、葫芦岛港务局、山东教育厅、华北水利委员会等单位任职。1933—1938年，任黄河水利委员会委员、秘书长、总工程师。在3年任期内，他配合李仪祉先生倡导科学治河，为传统经验与近代科学相结合开创了新路。抗日战争期间，张含英辗转于四川、广西、陕西之间。1941—1943年出任黄河水利委员会委员长。1945年率团赴美考察水利。1946年率领黄河治本团一行7人，考察黄河河南孟津至青海贵德河段。

1948—1949年，张含英出任北洋大学校长。任职期间，他按照实事求是的校训精神，保持和发扬了北洋大学严格治校的传统。他对学生要求特别严格。他认为学生是未来的工程师，而工程师必须是“能根据科学的理论，运用技术的手腕，依照经济的法则，以完成服务于社会的目的”。因此必须学好理论，受科学的洗礼，并要把握现实，理论和实际结合。他以“德、才、学、识、量”五个字作为一个人成功所需的条件，来鼓励学生。

1950—1979年，张含英担任中华人民共和国水利部、水利电力部副部长并兼任部技术委员会主任30年，直接参与了全国水利的各项重大决策。此外，还担任了多种社会职务，先后当选为原平原省人民委员会委员，第一、第二、第三届全国人民代表大会代表，历任第五、第六届全国政协常务委员会委员，中国科学技术协会第一届委员会委员，中国水利学会第一、二届理事长，第三、四届名誉理事长。

在长达70多年的水利生涯中，张含英同志积累了丰富的实践经验，在学术上卓有成就，先后著有《治河论丛》《黄河志——水文与工程》《水力学》《历代治河方略述要》《黄河治理纲要》《防洪工程学》《水利概论》《工程与水利》《明清治河概论》等著作。1994年退出领导岗位后，继续关心和支持水利的改革和发展，坚持不懈，辛勤耕耘，潜心水利研究和写作，出版水利水电专著20余部。20世纪90年代还担任中国大百科全书水利卷的编撰工作。

张含英是中国久负盛名的水利专家，中国近代水利的开拓者之一。1981年加入中国共产党，1994年退休。张含英于2002年12月6日在北京逝世，享年102岁。

张国藩传略

（1905—1975）

1905年12月16日，出生于湖北省安陆县；

1926年—1930年，上海沪江大学读书；

1931年—1935年，在美国留学，初入康奈尔大学学习水利和物理；

1933年，获理学硕士，转入依阿华大学学习水利兼攻流体力学、空气动力学、航空力学；

1935年，获工学博士；

1946年–1949年，任天津北洋大学教授；1952年起任天津大学教授、副校长、校长；1956年起任天津市副市长；

1975年12月5日，因心肌梗塞病逝。

张国藩，我国著名的物理学家、力学家、教育家。年轻时发愤苦读，学习成绩优异，先后获美国康奈尔大学理学硕士学位和依阿华大学工学博士学位，是一位进步的、爱国的知识分子。回国后，他一直从事教学与科学研究工作，曾任各大学教授。他治学甚严，注意培养青年教师，在他的培养下，一些人成为学术骨干或学校的各级领导。他在分子物理和原子物理方面的研究中有独创的见解。他从事湍流理论和应用研究三十余年，取得很多重要成果，在学术界很有影响。新中国成立后，他担任过多种领导职务，做了大量的社会工作，是一位保持爱国知识分子本色的政治活动家。他参加发起中国科学工作者协会，创办天津市物理协会和天津市力学协会，团结了广大知识分子。

张国藩热爱祖国，追求进步，待人平易，谦虚宽厚，严于律己，生活俭朴，为人们尊敬。

他发愤苦读，成为博文强志的学问家；

他长期从事教育，为科学事业发展做出贡献；

从事科学研究，三十年探索湍流理论。

新中国成立前后，张国藩主要在湍流的基本理论方面进行研究，充分发挥了他的独到的见解。这一时期发表的论文较多，张国藩的这些学术思想和研究成果，有的被国际上研究湍流的著名学者在他们的著作中所引用，有的在想法和概念上与之相似。

在潜心从事湍流理论研究的同时，对运用这种理论解决中国的实际问题，也是甚为关心的。

1964年，张国藩在天津大学任校长，当时我国制定了十年科技规划，其中力学部分的中心问题之一是“湍流理论的研究”。张国藩承担了此项目的学术带头人和项目负责人。钱伟长教授说“张国藩同志是一位诚实的科学家。认真、勤奋，在湍流理论方面做了大量的工作，受到同代人的敬佩，堪为青年人的楷模。”

张国藩是爱国的，他痛恨帝国主义，也痛恨国民党反动派的腐化和无能。在抗日战争的烽烟炮火中，张国藩回到了祖国，1947年，张国藩参加了北洋大学的“反饥饿反内战”运动，在上街游行的队伍中和进步同学一起走在前列。

新中国成立后张国藩做了很多社会工作。1950年由天津市市长黄敬和市委文教部长黄松龄出面，敦请他兼任天津市教育局长。之后他兼任天津市副市长，第一、二、三、四届全国人民代表大会代表，天津市科协主席，市政协副主席等职。他还担任民盟中央常委和民盟天津市委员会主席。张国藩是一位保持知识分子本色的政治活动家。

张国藩对所担负的各项社会活动都是尽职尽责的。

魏寿昆传略

（1907—2014）

魏寿昆，1907年9月出生于天津市。他从小就发奋读书，1923年中学毕业后，在千余名报考生中以第一名的成绩考入北洋大学，先在预科学习两年，后入本科矿冶工程系。因学业优异，校方奖励免交学费及住宿费。1929年获矿冶工学士学位后到辽宁海城大岭滑石矿任助理工程师，半年后回母校北洋大学矿冶系当助教。

1930年秋考取天津市公费留学生，于1931年进入德国柏林工科大学材料工艺科学系攻读化学专业。1932年转学到德莱斯顿工科大学化学系，先后完成了特许工程师论文和工学博士论文，获得工学博士学位（1935）。为了不改变当年自己立下的要为祖国的矿冶事业献身的初衷，于1935年继续进入德国亚琛工业大学冶金系进修。主修专业课程，搜集文献资料，参加专业实验及专题科研。1936年他放弃在德国可能有的丰厚薪资的工作机会，回到满目疮痍的祖国，来到天津北洋工学院矿冶系任教授。

1937年“七七事变”后他随校迁至陕西西安，后又迁到城固县。当时学校与北平大学及北平师范大学组成西北联合大学，他任矿冶系主任。由于教师奇缺，除基础课教师外，全系仅有三名教师和两名助教，魏寿昆从二年级的分析化学课直到高年级的选矿学、钢铁冶金及有色冶金均由他本人授课外，还讲授金相学、钢铁热处理等多门课程，把全部热情倾注到培养人才上。自1938年到1946年，他又先后在西北工学院、西康技艺专科学校、贵州农工学院、重庆大学任教授。在抗日后方的艰苦条件下，坚持在教育岗位上为日后陆续兴起的冶金工业培养了一批人才。在重庆期间，他还担任过重庆矿冶研究所、重庆材料试验处的钢铁研究室、冶金组主任并兼任过矿冶研究所代理所长一年。

抗战胜利后回到天津，他继续在北洋大学任冶金系及采矿系主任、教授，还兼任唐山交通大学冶金系教授。1948年底天津战役前夕，国民党当局命令北洋大学南迁。他积极响应地下党的号召，决定留下来准备建设新中国。

1949年至1952年，他担任北洋大学工学院院长、天津大学副教务长。1952年国家对高等院校进行院系调整后，担任新成立的北京钢铁学院教务长。1978年又兼任图书馆馆长，1979年至1983年被任命为副院长。1980年当选为中国科学院技术科学部学部委员（现改称院士）。现任北京科技大学（原北京钢铁学院）一级教授，博士生导师。

魏寿昆是国内外知名学者，是我国冶金学和冶金物理化学家及冶金教育家。同时他也积极参与社会与学术活动。他先后担任北京市政协第一至第四届委员、第五届常务委员、第六届常务委员兼工作组委员会高等教育组组长及第七届常务委员；九三学社第六届、第七届中央常务委员兼中央文教委员会主任委员，现任中央参议委员会常委；国务院学位委员会工学学科第一届评议组成员；国家科委冶金学学科组常务副组长；中国大百科全书矿冶卷冶金编辑委员会副主任。在教育界与冶金界还担任中国高等教育学会第一届理事；中国金属学会第一、二、三、四届常务理事；中国金属学会冶金物理化学学会第一、二届理事长；中国有色金属学会第一届常务理事；中国有色金属学会冶金物理化学学术委员会第一、二届委员等。后任日本钢铁学会名誉会员、中国金属学会名誉会员、冶金物理化学学会荣誉理事长、冶金学名词审定委员会主任。

魏寿昆从事冶金研究工作60载，而其中约有三分之二的时间从事冶金热力学的研究。进入80年代后又涉猎冶金动力学范围，从他1929年在中国矿冶工程学会主编的《矿冶》杂志上刊登第一篇论文起，至今已撰写发表学术论文130篇。有60%是涉及热力学的。他著有5部专著，其中以《冶金过程热力学》与《活度在冶金物理、化学中的应用》等受到国内外冶金同行的好评。日本著名冶金学家后藤和弘教授评《冶金过程热力学》一书是迄今世界上最好的一部冶金热力学专著。该书获得1988年国家教委颁发的全国优秀教材奖。

他曾先后获得国家教委科技进步奖二等奖一项，一等奖两项，国家自然科学奖三等奖一项。他一生中主要的成果、贡献为：20世纪40年代获得多项重要科技成果；开拓了活度理论的应用研究，发展了炉渣脱硫的离子理论；完善了选择性氧化理论；首次在国内开拓固体电解质电池定氧技术，并应用测定热力学参数。他一向重视国内矿产资源的综合有效利用，是我国冶金物理化学学科创始人之一，为培养冶金人才奉献毕生精力。